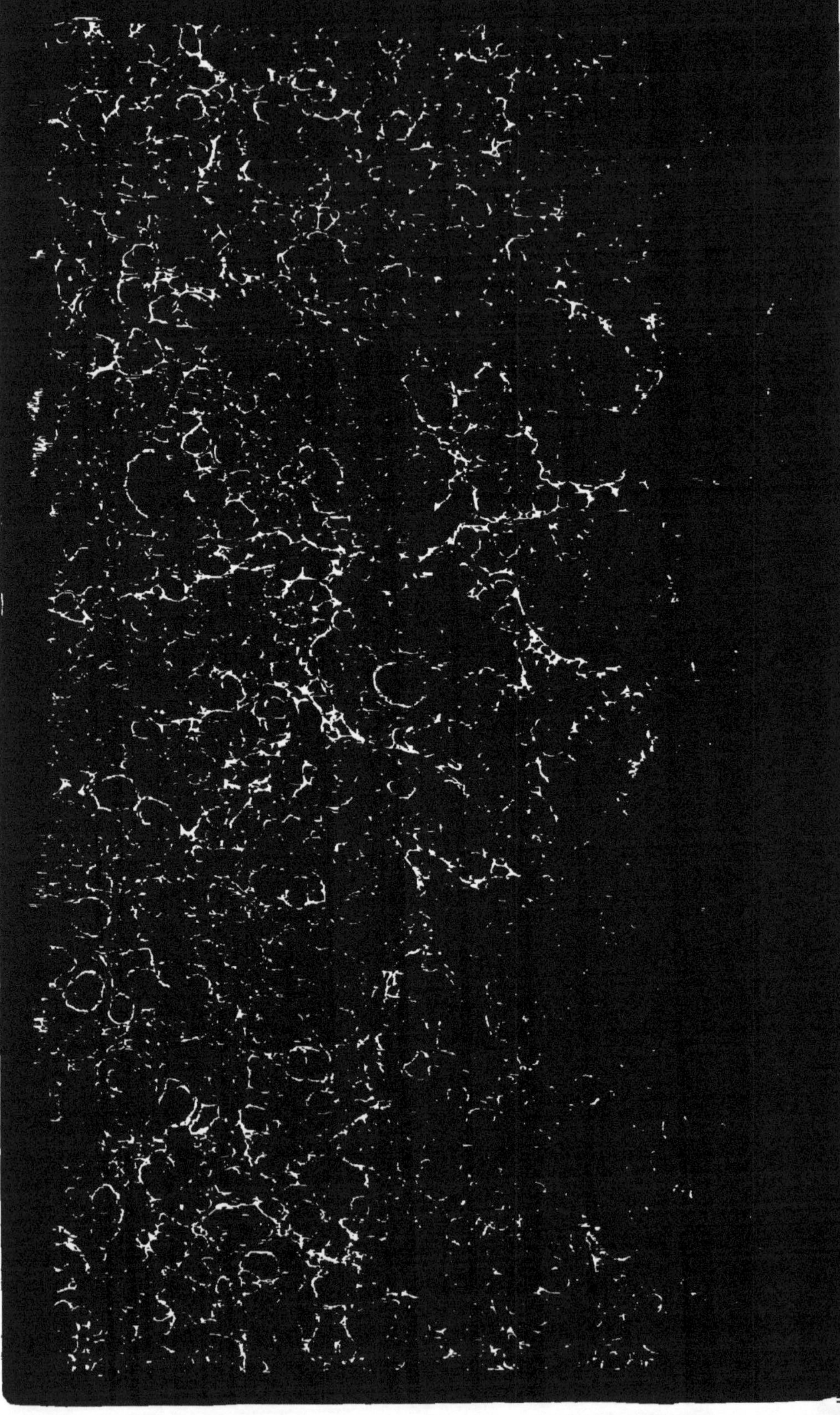

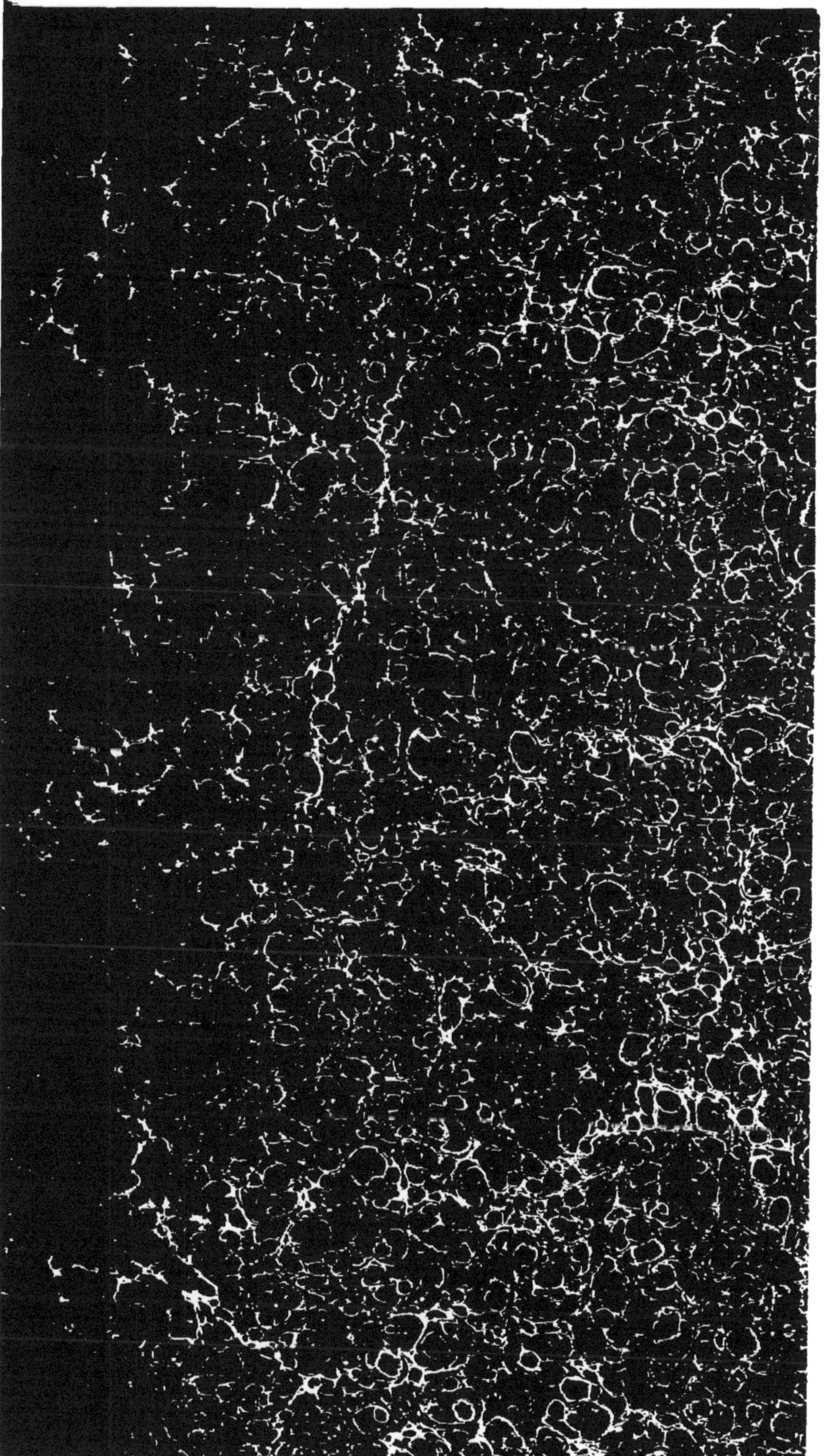

INTRODUCTION

A LA

LANGUE FRANÇAISE

ET A LA

LANGUE BASQUE,

PAR A. HIRIART,
Maître de Pension, à Ustaritz.

BAYONNE,
IMPRIMERIE DE VEUVE CLUZEAU, PLACE D'ARMES, N° 6.

1840.

SE VEND A BAYONNE :

Chez Ve CLUZEAU, Place Notre-Dame, 13, et à la Librairie de CLUZEAU Sœurs, au bout des Arceaux du Port-Neuf.

PRÉFACE

QU'IL EST IMPORTANT DE LIRE.

Mes loisirs des vacances de 1839 ont été employés à ordonner ces petits Exercices que je livre au public. Je suis bien persuadé, par l'expérience que j'en ai faite les années précédentes dans mon Établissement, qu'ils pourront être utiles à la jeunesse de nos Écoles, aux Maîtres et aux Maîtresses. Je me flatte que les amis de la propagation de l'Instruction, les verront avec plaisir.

J'aurais voulu, dès aujourd'hui, joindre à cette première partie l'étonnante variabilité des Conjugaisons des Verbes à compléments directs, à compléments indirects, et à compléments directs et indirects à la fois, etc., qui sont destinés à former la seconde partie de ce RECUEIL; mais l'époque de l'Ouverture des Classes étant arrivée, le temps m'a manqué, ce qui m'a forcé à renvoyer le travail aux vacances prochaines.

Quant au procédé à employer pour tirer parti de ces Exercices, c'est aux Maîtres et aux Maîtresses à adopter telle ou telle marche que leur suggérera leur sagacité; je dirai néanmoins que j'y fais initier les Commençants, sans toutefois négliger d'en faire apprendre par cœur, en leur faisant écrire beaucoup de Déclinaisons, beaucoup de Verbes, que les Maîtres peuvent multiplier à volonté.

Si les Amateurs désiraient connaître un peu à fond les nuances de la Langue Basque, je leur conseillerais de recourir à la Grammaire de M. Lecluse, ainsi qu'à la savante dissertation de M. l'abbé Darrigol, ancien Supérieur du Grand Séminaire de Bayonne.

Immédiatement après cette Préface, on trouvera, en Français et en Basque, les trois principaux Mystères de notre Sainte Religion, qu'un Chrétien ne doit pas ignorer, s'il tient au salut de son âme.

On pourra alterner tantôt en Latin, tantôt en Français, tantôt en Basque : le *Veni Sancte*, l'*Angelus*, le *Salve Regina*, le *Sub tuum*, qui se trouvent en trois langues à la fin de cet Opuscule, suivis du *De Profundis*. Dorénavant, les chefs d'école de nos contrées ne devraient plus se dispenser de faire réciter ces prières par leurs Élèves.

Quand j'ai conçu le plan de ces Exercices, je n'ai point eu la prétention de faire l'apologie de la Langue Basque, dont la beauté n'est que trop ignorée; cette apologie n'est certainement pas de ma compétence, de mon ressort; cela regarde les savans Basques. Je me suis borné à réunir quelques Paradigmes ou Modèles, afin que les personnes chargées d'instruire cette Jeunesse qui va nous succéder, y puissent la préparer à l'étude de la Grammaire, etc. Je n'ose pas parler des désinences ou Terminaisons des noms Basques ; ce n'est pas moi qui dois décider si la Langue Basque a ou non des articles ; jetez les yeux sur ces petits Exercices, qui sont faits d'après le génie général du langage en usage dans le pays, et vous direz vous-même qu'il est évident que cette antique langue d'Abraham, joue le plus beau rôle par ses articles qui figurent à la fin des mots; que la désinence ou article *a* ou *ac*, qui forme la finale du nom, si ce nom est prononcé seul, ira se placer très-souvent à la dernière syllabe de tout le cortège du substantif, s'il en a un, surtout en abandonnant les noms qui finissent en *ea*, *ia*, *oa*, *ua*, etc.; comme Etchea, Bidea, Uncia, Ihicia, Itsassoa, Otsoa, Burua, Escua, etc.

Il est à remarquer dans ces Éléments, que notre Langue ne fait usage que d'une seule forme de déclinaison, qu'elle méconnaît la distinction des genres, propriété par laquelle elle évite beaucoup d'embarras, sans perdre de sa clarté. Le seul aperçu remarquable en fait de genre, c'est dans le tutoiement adressé à une personne du sexe. Cette curiosité se fera remarquer en parcourant les Verbes.

Quoique, dans les Verbes, notre langue soit assez intelligible, en sous-entendant les Pronoms personnels, j'ai préféré les exprimer, afin que les jeunes écoliers puissent apprécier et comparer mieux les rapports des Verbes de ces deux langues.

On peut y voir que la forme *nic*, *hic*, *çuc*, *harc*, *hunec*, *horrec*, *guc*, *çuec*, *hec*, sont les véritables marques des sujets des Verbes actifs; de même que *ni*, *hi*, *çu*, *hura*, *hori*, *hau*, *gu*, *çuec*, *hec*, *hauc*, indiquent des signes des sujets des Verbes passifs ou intransitifs, etc.; cés mêmes Pronoms conservent le même caractéristique quand ils sont accusatif ou régime des Verbes actifs.

Dans une Proposition, un substantif terminé en *ac*, prouve qu'il est sujet singulier d'un Verbe actif, tandis que la même terminaison en *ac*, pourra être le nominatif pluriel d'un Verbe passif ou intransitif, etc. La terminaison *ec* remplit le rôle d'un sujet pluriel d'un Verbe actif.

Vous remarquerez aussi que notré Langue a l'avantage que n'ont pas bien d'autres, celui de pouvoir signaler le respect par la seconde personne du singulier: *çuc* et *çu*.

Les terminaisons *az*, *ez*, caractérisent ordinairement l'ablatif ou régime des Verbes d'état ou passifs.

Habitants du pays Basque, notre indifférence est incompréhensible, elle est coupable ; et notre inertie, dans ce siècle de lumières, m'étonne. Laisserons-nous dépérir, sous les coups des Néologismes, la plus belle et peut-être la plus ancienne des Langues connues? Ne voyons-nous pas des populations bien moins aptes que la nôtre, faire des recherches pénibles pour faire ressortir quelques particularités de leur patois? Réveillons-nous, le mal n'est pas sans remède.

Si la mort a frappé impitoyablement, dans la personne de M. l'abbé Darrigol, le plus puissant Apologiste de notre Langue, Dieu nous conserve encore pour la faire refleurir : M. l'abbé Haramboure, Supérieur du Séminaire de Larressore ; M. l'abbé Hiribarren, doyen du Canton de Tardets ; M. l'abbé Ségalas, l'ancien disciple de M. l'abbé Darrigol ; M. l'abbé Guiresse, poète Basque, et tant d'autres vénérables Ecclésiastiques, capables d'entreprises fortes.

Félicitons-nous d'avoir à la tête d'un des meilleurs Clergés des Diocèses de la France, un des plus vertueux prélats, qui ne refusera nullement son appui, quand il s'agira d'engager, d'encourager, pour cette œuvre, quelques-uns des membres qui lui sont dévolus, soumis.

Coalisons-nous contre cet abandon impardonnable, cotisons-nous pour les frais, ou bien ouvrons des souscriptions pour cette fin dans chaque chef-lieu de Canton; sortons de cette léthargie, de cette insensibilité blâmable, montrons-nous dignes de nos ancêtres, de ces Cantabres, dont le nom ne pourra jamais s'effacer de notre Histoire. Je suis originaire de parents Basques, né à Bayonne, capitale de Labour, contrée où cette Langue se distingue encore par sa pureté. Si je me suis permis de vous adresser, chers Compatriotes, cette courte allocution trop verte, trop amère peut-être, mais arrachée par un sentiment noble, daignez me le pardonner, je vous en conjure, je suis avant tout Basque, et à ce titre, je suis persuadé, j'ai lieu de ne point douter, de votre indulgence.

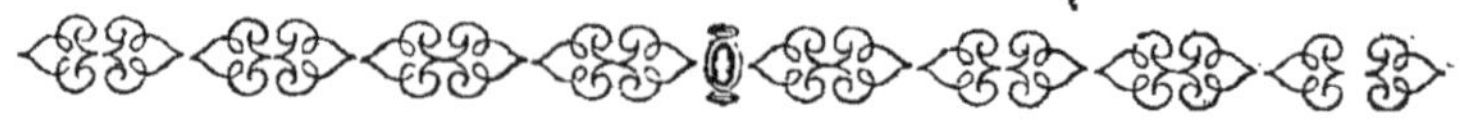

LES TROIS PRINCIPAUX MYSTÈRES

DE NOTRE SAINTE RELIGION,

VUS ET APPROUVÉS

Par Monseigneur l'Évêque de Bayonne.

D. Qu'est-ce qu'un Mystère?

R. Un Mystère est une chose vraie, que nous ne pouvons pas comprendre, mais que nous devons croire, parce que Dieu l'a révélée à son Église.

D. Quels sont les principaux Mystères de notre sainte Religion?

R. Il y en a trois : le mystère de la très-sainte Trinité, le mystère de l'Incarnation et le mystère de la Rédemption.

D. Qu'entendez-vous par le mystère de la très-sainte Trinité?

R. J'entends qu'il n'y a qu'un seul Dieu en trois personnes : Père, Fils et Saint-Esprit.

D. Qu'entendez-vous par le mystère de l'Incarnation?

R. J'entends que le fils de Dieu a pris un corps et une âme semblables aux nôtres dans le sein de la bienheureuse Vierge Marie, par la vertu de l'opération du Saint-Esprit.

D. Qu'entendez-vous par le mystère de la Rédemption?

R. J'entends que le fils de Dieu, la seconde personne de la très-sainte Trinité, est mort sur une croix en versant tout son sang pour nous racheter de l'Enfer, et nous mériter la vie éternelle.

GURE ERRELIGIONE SAINDUCO HIRUR MYSTERIO PRINCIPALAC.

G. Cer da Mysterioa?

I. Mysterioa da gauça bat eguia dena, guc ecin compreni deçaqueguna, bainan sinhetsi behar duguna, ceren Jaincoac irakhatsi dioen bere Eliçari.

G. Cein dire gure legue sainduco Mysterio principalac?

I. Badire hirur, Trinitate sainduco Mysterioa, Incarnacioneco Mysterioa, eta gure Erospeneco edo Erredemptioneco mysterioa.

G. Cer aditcen duçu Trinitate Sainduco mysterioaz ?

I. Aditcen dut Jainco bat badela hirur presunetan Aita, Semea, eta Izpiritu Saindua.

G. Cer aditcen duçu Incarnacione Sainduco Mysterioaz ?

I. Aditcen dut Jaincoaren Semeac hartu dituela gureac beçalaco Gorphutz bat eta Arima bat Ama Birginaren Sabel Sacratuan, Izpiritu Sainduaren obraz eta berthutez.

G. Cer aditcen duçu gure Erospeneco Mysterioaz ?

I. Aditcen dut Jaincoaren Semea, Trinitate Sainduco bigarren Presuna, hil içan dela Gurutce baten gainean, bere odol gucia ichuriz, Ifernutic gure erosteco, eta guri bicitce eternalaren merecitceco.

DÉCLINAISONS

OU

MODÈLES

Pour les différentes manières d'écrire, en Français et en Basque, les Noms tant Masculins que Féminins, commençant par une Consonne ou par une Voyelle, ou par une H muette.

NOM QUI COMMENCE PAR UNE CONSONNE.

Singulier.

NOMINATIF.	le *Prince*,	Princea *ou* Princeac.
GÉNITIF ...	du *Prince*,	Princearen.
DATIF	au *Prince*,	Princeari.
ACCUSATIF.	le *Prince*,	Princea.
VOCATIF ...	ô *Prince*,	ô Princea.
ABLATIF ...	du *Prince*,	Princeaz.

Pluriel.

NOMINATIF.	les *Princes*,	Princeac *ou* Princec.
GÉNITIF....	des *Princes*,	Princen.
DATIF	aux *Princes*,	Princei.
ACCUSATIF.	les *Princes*,	Princeac.

Vocatif ..	ô *Princes,*	ô Princeac.
Ablatif...	des *Princes,*	Princez.

Ainsi se déclinent les Noms français Masculins qui commencent par une Consonne : le *Père,* Aita ; le *Frère*, Anaya ; le *Cousin*, Cusia ; le *Papier,* Papera ; le *Doigt*, Erhia ; le *Livre*, Liburua ; le *Front,* Copeta ; le *Pain,* Oguia ; le *Vin,* Arnoa ; le *Chemin,* Bidea, etc.

NOM QUI COMMENCE PAR UNE CONSONNE.

Singulier.

Nom.	la *Table,*	Mahaïna *ou* Mahaïnac.
Gén.	de la *Table,*	Mahaïnaren.
Dat.	à la *Table,*	Mahaïnari.
Acc.	la *Table,*	Mahaïna.
Voc.	ô *Table,*	ô Mahaïna.
Abl.	de la *Table,*	Mahaïnaz.

Pluriel.

Nom.	les *Tables,*	Mahaïnac *ou* Mahaïnec.
Gén.	des *Tables,*	Mahaïnen.
Dat.	aux *Tables,*	Mahaïnei.
Acc.	les *Tables,*	Mahaïnac.
Voc.	ô *Tables,*	ô Mahaïnac.
Abl.	des *Tables,*	Mahaïnez.

Ainsi se déclinent les Noms français Féminins qui commencent par une Consonne : la *Mère,* Ama ; la *Sœur*, Arreba ; la *Ville,* Hiria ; la *Commune,* Herria ; la *Porte*, Athea ; la *Fenêtre*, Leihoa ; la *Cruche*, Pegarra ; la *Bêche,* Aitçura, etc.

NOM QUI COMMENCE PAR UNE VOYELLE.

Singulier.

Nom.	l'*Ame*,	Arima *ou* Arimac.
Gén.	de l'*Ame*,	Arimaren.
Dat.	à l'*Ame*,	Arimari.
Acc.	l'*Ame*,	Arima.
Voc.	ô *Ame*,	ô Arima.
Abl.	de l'*Ame*,	Arimaz.

Pluriel.

Nom.	les *Ames*,	Arimac *ou* Arimec.
Gén.	des *Ames*,	Arimen.
Dat.	aux *Ames*,	Arimei.
Acc.	les *Ames*,	Arimac.
Voc.	ô *Ames*,	ó Arimac.
Abl.	des *Ames*,	Arimez.

Ainsi se déclinent les Noms tant Masculins que Féminins, qui commencent par une Voyelle : l'*Arbre*, Arbola ; l'*Ombre*, Itçala ; l'*Église*, Eliça ; l'*Eau*, Ura ; l'*Oncle*, Ossaba ; l'*Évier*, Pegartea ; l'*Étoile*, Içarra ; l'*Envie*, Inbidia, etc.

Singulier.

Nom.	l'*Honneur*,	Ohorea *ou* Ohoreac.
Gén.	de l'*Honneur*,	Ohorearen.
Dat.	à l'*Honneur*,	Ohoreari.
Acc.	l'*Honneur*,	Ohorea.
Voc.	ô *Honneur*,	ô Ohorea.
Abl.	de l'*Honneur*,	Ohoreaz.

Pluriel.

Nom.	les *Honneurs*,	Ohoreac *ou* Ohorec.

Gén.	des *Honneurs*,	Ohoren.
Dat.	aux *Honneurs*,	Ohorei.
Acc.	les *Honneurs*,	Ohoreac.
Voc.	ô *Honneurs*,	ô Ohoreac.
Abl.	des *Honneurs*,	Ohorez.

Ainsi se déclinent les Noms tant Masculins que Féminins, qui commencent par une H muette : l'*Homme*, Guiçona ; l'*Habillement*, Bestimenda; l'*Habitation*, Egoitça ; l'*Habileté*, Abilitatea ; l'*Habitude*, Usaya; l'*Habile*, Abila; l'*Herbe*, Belharra, etc.

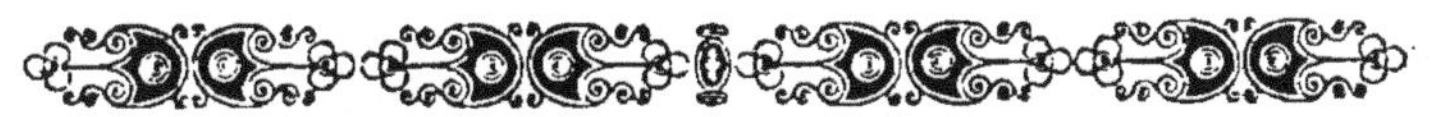

PRONOMS PERSONNELS.

PREMIÈRE PERSONNE.

Singulier.

Nom.	*Moi*,	Ni *ou* Nic.
Gén.	de *Moi*,	Nere.
Dat.	à *Moi*,	Niri.
Acc.	*Moi*,	Ni.
Abl.	de *Moi*,	Nitaz.

Pluriel.

Nom.	*Nous*,	Gu *ou* Guc.
Gén.	de *Moi*,	Gure.
Dat.	à *Nous*,	Guri.
Acc.	*Nous*,	Gu.
Abl.	de *Nous*,	Gutaz.

SECONDE PERSONNE.

Singulier.

Nom.	*Toi*,	Hi *ou* Hic, Çu *ou* Çuc.
Gén.	de *Toi*,	Hire *ou* Çure.
Dat.	à *Toi*,	Hiri *ou* Çuri.

ACC.	*Toi*,	Hi *ou* Çu.
VOC.	ô *Toi*,	ô Hi *ou* ô Çu.
ABL.	de *Toi*,	Hitaz *ou* Çutaz.

Pluriel.

NOM.	*Vous*,	Çuec.
GÉN.	de *Vous*,	Çuen.
DAT.	à *Vous*,	Çuei.
ACC.	*Vous*,	Çuec.
VOC.	ô *Vous*,	ô Çuec.
ABL.	de *Vous*,	Çuetaz.

PRONOMS DE LA TROISIÈME PERSONNE POUR LE MASCULIN.

Singulier.

NOM.	*Lui*,	Hura *ou* Harc *ou* Hunec.
GÉN.	de *Lui*,	Haren.
DAT.	à *Lui*,	Hari.
ACC.	*Lui*,	Hura.
ABL.	de *Lui*,	Hartaz.

Pluriel.

NOM.	*Eux*,	Hec *ou* Hauc.
GÉN.	d'*Eux*,	Heyen.
DAT.	à *Eux*,	Heyëi.
ACC.	*Eux*,	Hec.
ABL.	d'*Eux*,	Hetaz.

PRONOMS DE LA TROISIÈME PERSONNE POUR LE FÉMININ.

Singulier.

NOM.	*Elle*,	Hura *ou* Harc *ou* Hunec.

Gén.	d'*Elle*,	Haren.
Dat.	à *Elle*,	Hari.
Acc.	*Elle*,	Hura.
Abl.	d'*Elle*,	Hartaz.

Pluriel.

Nom.	*Elles*,	Hec *ou* Hauc.
Gén.	d'*Elles*,	Heyen.
Dat.	à *Elles*,	Heyei.
Acc.	*Elles*,	Hec.
Abl.	d'*Elles*,	Hetaz.

AUTRES PRONOMS.

Singulier.

Nom.	*Moi-même*,	Neroni *ou* Neronic (1).
Gén.	de *Moi-même*,	Neroniren.
Dat.	à *Moi-même*,	Neroniri.
Acc.	*Moi-même*,	Neroni.
Abl.	de *Moi-même*,	Neroniz.

Pluriel.

Nom.	*Nous-mêmes*,	Guhoni *ou* Guhonic.
Gén.	de *Nous-mêmes*,	Guhoniren.
Dat.	à *Nous-mêmes*,	Guhoniri.
Acc.	*Nous-mêmes*,	Guhoni.
Abl.	de *Nous-mêmes*,	Guhoniz.

(1) On dit aussi : Nihoni *ou* Nihonic, Nihoniren, Nihoniri, Nihoni, Nihoniz.

Singulier.

Nom.	*Toi-même,*	Hiôni *ou* Hionic.
Gén.	de *Toi-même,*	Hioniren.
Dat.	à *Toi-même,*	Hiôniri.
Acc.	*Toi-même,*	Hiôni.
Abl.	de *Toi-même,*	Hioniz.

Pluriel.

Nom.	*Vous-mêmes,*	Cihauriec.
Gén.	de *Vous-mêmes,*	Cihaurien.
Dat.	à *Vous-mêmes,*	Cihauriei.
Acc.	*Vous-mêmes,*	Cihauriec.
Abl.	de *Vous-mêmes,*	Cihauriez.

Singulier.

Nom.	*Lui-même,*	Hura bera *ou* Harc berac.
Gén.	de *Lui-même,*	Haren beraren.
Dat.	à *Lui-même,*	Hari berari.
Acc.	*Lui-même,*	Hura bera.
Abl.	de *Lui-même,*	Hartaz beraz.

Pluriel.

Nom.	*Eux-mêmes,*	Hec berac *ou* hec berec.
Gén.	d'*Eux-mêmes,*	Heyen beren.
Dat.	à *Eux-mêmes,*	Heyei berei.
Acc.	*Eux-mêmes,*	Hec berac.
Abl.	d'*Eux-mêmes,*	Heyez berez.

Singulier.

Nom.	*Elle-même,*	Hura bera *ou* Harc berac.
Gén.	d'*Elle-même,*	Haren beraren.
Dat.	à *Elle-même,*	Hari berari.

Acc.	*Elle-même,*	Hura bera.
Abl.	d'*Elle-même,*	Hartaz beraz.

Pluriel.

Nom.	*Elles-mêmes,*	Hec berac.
Gén.	d'*Elles-mêmes,*	Heyen beren.
Dat.	à *Elles-mêmes,*	Heyei berei.
Acc.	*Elles-mêmes,*	Hec berac.
Abl.	d'*Elles-mêmes,*	Heyez berez.

PRONOM RÉFLÉCHI.

Singulier.

Nom.	*Soi-même,*	Bere burua.
Gén.	de *Soi-même,*	Bere buruaren.
Dat.	à *Soi-même,*	Bere buruari,
Acc.	*Soi-même,*	Bere burua.
Abl.	de *Soi-même,*	Bere buruaz.

(*Voir* le pluriel ci-dessus).

PRONOMS POSSESIFS MASCULINS.

Singulier.

Nom.	le *Mien,*	Enea ou Eneac.
Gén.	du *Mien,*	Enearen.
Dat.	au *Mien,*	Eneari.
Acc.	le *Mien,*	Enea.
Abl.	du *Mien,*	Eneaz.

Pluriel.

Nom.	les *Miens,*	Eneac *ou* Enec.
Gén.	des *Miens,*	Enen.
Dat.	aux *Miens,*	Enei.
Acc.	les *Miens,*	Eneac.
Abl.	des *Miens,*	Enez.

Singulier.

NOM. le *Tien*,	Hirea *ou* Hireac.
GÉN. du *Tien*,	Hirearen.
DAT. au *Tien*,	Hireari.
ACC. le *Tien*,	Hirea.
ABL. du *Tien*,	Hireaz.

Pluriel.

NOM. les *Tiens*,	Hireac *ou* Hirec.
GÉN. des *Tiens*,	Hiren.
DAT. aux *Tiens*,	Hirei.
ACC. les *Tiens*,	Hireac.
ABL. des *Tiens*,	Hirez.

Singulier.

NOM. le *Sien*,	Harena *ou* Harenac (1).
GÉN. du *Sien*,	Harenaren.
DAT. au *Sien*,	Harenari.
ACC. le *Sien*,	Harena.
ABL. du *Sien*,	Harenaz.

Pluriel.

NOM. les *Siens*,	Harenac *ou* Harenec.
GÉN. des *Siens*,	Harenen.
DAT. aux *Siens*,	Harenei.
ACC. les *Siens*,	Harenac.
ABL. des *Siens*,	Harenez.

(1) On dit aussi : Berea *ou* Berean, Berearen, Bereari, Berea, ô Berea, Bereaz.

Singulier.

Nom. le *Nôtre*,	Gurea *ou* Gureac.
Gén. du *Nôtre*,	Gurearen.
Dat. au *Nôtre*,	Gureari.
Acc. le *Nôtre*,	Gurea.
Abl. du *Nôtre*,	Gureaz.

Pluriel.

Nom. les *Nôtres*,	Gureac *ou* Gurec.
Gén. des *Nôtres*,	Guren.
Dat. aux *Nôtres*,	Gurei.
Acc. les *Nôtres*,	Gureac.
Abl. des *Nôtres*,	Gurez.

Singulier.

Nom. le *Vôtre*,	Çurea *ou* Çureac.
Gén. du *Vôtre*,	Çurearen.
Dat. au *Vôtre*,	Çureari.
Acc. le *Vôtre*,	Çurea.
Abl. du *Vôtre*	Çureaz.

Pluriel.

Nom. les *Vôtres*,	Çureac *ou* Çurec.
Gén. des *Vôtres*,	Çuren.
Dat. aux *Vôtres*,	Çurei.
Acc. les *Vôtres*,	Çureac.
Abl. des *Vôtres*,	Çurez.

Singulier.

Nom. le *Leur*,	Heyena *ou* Heyenac (1).

(1) On dit aussi : Berena *ou* Berenac, Berenaren, Berenari, Berena, Berenaz.

Gén.	du *Leur*,	Heyenaren.
Dat.	au *Leur*,	Heyenari.
Acc.	le *Leur*,	Heyena.
Abl.	du *Leur*,	Heyenaz.

Pluriel.

Nom.	les *Leurs*,	Heyenac *ou* Heyenec.
Gén.	des *Leurs*,	Heyenen.
Dat.	aux *Leurs*,	Heyenei.
Acc.	les *Leurs*,	Heyenac.
Abl.	des *Leurs*,	Heyenez.

PRONOMS POSSESSIFS FÉMININS.

Singulier.

Nom.	la *Mienne*,	Enea *ou* Eneac.
Gén.	de la *Mienne*,	Enearen.
Dat.	à la *Mienne*,	Eneari.
Acc.	la *Mienne*,	Enea.
Abl.	de la *Mienne*,	Eneaz.

Pluriel.

Nom.	les *Miennes*,	Eneac *ou* Enec.
Gén.	des *Miennes*,	Enen.
Dat.	aux *Miennes*,	Enei.
Acc.	les *Miennes*,	Eneac.
Abl.	des *Miennes*,	Enez.

Singulier.

Nom.	la *Tienne*,	Hirea *ou* Hireac.
Gén.	de la *Tienne*,	Hirearen.

DAT.	à la *Tienne*,	Hireari.
ACC.	la *Tienne*,	Hirea.
ABL.	de la *Tienne*,	Hireaz.

Pluriel.

NOM.	les *Tiennes*,	Hireac.
GÉN.	des *Tiennes*,	Hiren.
DAT.	aux *Tiennes*,	Hirei.
ACC.	les *Tiennes*,	Hireac.
ABL.	dès *Tiennes*,	Hirez.

Singulier.

NOM.	la *Sienne*,	Harena *ou* Harenac (1).
GÉN.	de la *Sienne*,	Harenaren.
DAT.	à la *Sienne*,	Harenari.
ACC.	la *Sienne*,	Harena.
ABL.	de la *Sienne*,	Harenaz.

Pluriel.

NOM.	les *Siennes*,	Harenac *ou* Harenec.
GÉN.	des *Siennes*,	Harenen.
DAT.	aux *Siennes*,	Harenei.
ACC.	les *Siennes*,	Harenac.
ABL.	des *Siennes*,	Harenez.

Singulier.

NOM.	la *Nôtre*,	Gurea ou Gureac.
GÉN.	de la *Nôtre*,	Gurearen.
DAT.	à la *Nôtre*,	Gureari.
ACC.	la *Nôtre*,	Gurea.
ABL.	de la *Nôtre*,	Gureaz.

(1) On dit aussi: Berea *ou* Bereac, Berearen, etc.

2

Pluriel.

Nom.	les *Nôtres*,	Gureac *ou* Gurec.
Gén.	des *Nôtres*,	Guren.
Dat.	aux *Nôtres*,	Gurei.
Acc.	les *Nôtres*,	Gureac.
Abl.	des *Nôtres*,	Gurez.

Singulier.

Nom.	la *Vôtre*,	Çurea *ou* Çureac.
Gén.	de la *Vôtre*,	Çurearen.
Dat.	à la *Vôtre*,	Çureari.
Acc.	la *Vôtre*,	Çurea.
Abl.	de la *Vôtre*,	Çureaz.

Pluriel.

Nom.	les *Vôtres*,	Çureac *ou* Çurec.
Gén.	des *Vôtres*,	Çuren.
Dat.	aux *Vôtres*,	Çurei.
Acc.	les *Vôtres*,	Çureac.
Abl.	des *Vôtres*,	Çurez.

Singulier.

Nom.	la *Leur*,	Heyena *ou* Heyenac (1).
Gén.	de la *Leur*,	Heyenaren.
Dat.	à la *Leur*,	Heyenari.
Acc.	la *Leur*,	Heyena.
Abl.	de la *Leur*,	Heyenaz.

Pluriel.

Nom.	les *Leurs*,	Heyenac *ou* Heyenec.

(1) On dit aussi : Berena *ou* Berenac, Berenaren, etc.

GÉN.	des *Leurs*,	Heyenen.
DAT.	aux *Leurs*,	Heyenei.
ACC.	les *Leurs*,	Heyenac.
ABL.	des *Leurs*,	Heyenez.

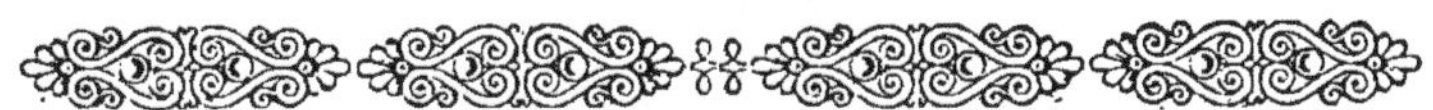

EXERCICES

AVEC LES ADJECTIFS POSSESSIFS.

NOMS MASCULINS FRANÇAIS.

Singulier.

NOM.	mon *Livre*,	ene liburua *ou* ene liburuac
GÉN.	de mon *Livre*,	ene Liburuaren.
DAT.	à mon *Livre*,	ene Liburuari.
ACC.	mon *Livre*,	ene Liburua.
ABL.	de mon *Livre*,	ene Liburuaz.

Pluriel.

NOM.	mes *Livres*,	ene Liburuac *ou* ene Liburuec.
GÉN.	de mes *Livres*,	ene Liburuen.
DAT.	à mes *Livres*,	ene Liburuei.
ACC.	mes *Livres*,	ene Liburuac.
ABL.	de mes *Livres*,	ene Liburuez.

Singulier.

NOM.	ton *Ami*,	hire Adiskidea *ou* hire Adiskideac.

Gén.	de ton *Ami*,	hire Adiskidearen.
Dat.	à ton *Ami*,	hire Adiskideari.
Acc.	ton *Ami*,	hire Adiskidea.
Abl.	de ton *Ami*,	hire Adiskideaz.

Pluriel.

Nom.	tes *Amis*,	hire Adiskideac *ou* hire Adiskidec.
Gén.	de tes *Amis*,	hire Adiskiden.
Dat.	à tes *Amis*,	hire Adiskidei.
Acc.	tes *Amis*,	hire Adiskideac.
Abl.	de tes *Amis*,	hire Adiskidez.

Singulier.

Nom.	son *Cousin*,	haren Cusia *ou* Cusiac (1).
Gén.	de son *Cousin*,	haren Cusiaren.
Dat.	à son *Cousin*,	haren Cusiari.
Acc.	son *Cousin*,	haren Cusia.
Abl.	de son *Cousin*,	haren Cusiaz.

Pluriel.

Nom.	ses *Cousins*,	haren Cusiac *ou* Cousiec.
Gén.	de ses *Cousins*,	haren Cusien.
Dat.	à ses *Cousins*,	haren Cusiei.
Acc.	ses *Cousins*,	haren Cusiac.
Abl.	de ses *Cousins*,	haren Cusiez.

Singulier.

Nom.	notre *Frère*,	gure Anaya *ou* Anayac.
Gén.	de notre *Frère*,	gure Anayaren.
Dat.	à notre *Frère*,	gure Anayari.

(1) On dit aussi: bere Cusia, etc.

Acc.	notre *Frère*,	gure Anaya.
Abl.	de notre *Frère*,	gure Anayaz.

Pluriel.

Nom.	nos *Frères*,	gure Anayac *ou* Anayec.
Gén.	de nos *Frères*,	gure Anayen.
Dat.	à nos *Frères*,	gure Anayei.
Acc.	nos *Frères*,	gure Anayac.
Abl.	de nos *Frères*,	gure Anayez.

Singulier.

Nom.	votre *Lit*,	çure Ohea *ou* Oheac.
Gén.	de votre *Lit*,	çure Ohearen.
Dat.	à votre *Lit*,	çure Oheari.
Acc.	votre *Lit*,	çure Ohea.
Abl.	de votre *Lit*,	çure Oheaz.

Pluriel.

Nom.	vos *Lits*,	çure Oheac *ou* Ohec.
Gén.	de vos *Lits*,	çure Ohen.
Dat.	à vos *Lits*,	çure Ohei.
Acc.	vos *Lits*,	çure Oheac.
Abl.	de vos *Lits*,	çure Ohez.

Singulier.

Nom.	leur *Papier*,	heyen Papera *ou* Paperac (1).
Gén.	de leur *Papier*,	heyen Paperaren.
Dat.	à leur *Papier*,	heyen Paperari.
Acc.	leur *Papier*,	heyen Papera.
Abl.	de leur *Papier*,	heyen Paperaz.

Pluriel.

Nom.	leurs *Papiers*,	heyen Paperac *ou* Paperec.

(1) On dit aussi : beren Papera *ou* Paperac, etc.

GÉN.	de leurs *Papiers*,	heyen Paperen.
DAT.	à leurs *Papiers*,	heyen Paperei.
ACC.	leurs *Papiers*,	heyen Paperac.
ABL.	de leurs *Papiers*,	heyen Paperez.

EXERCICES

AVEC LES ADJECTIFS POSSESSIFS.

NOMS FÉMININS FRANÇAIS.

Singulier.

NOM.	ma *Plume*,	ene Luma *ou* Lumac.
GÉN.	de ma *Plume*,	ene Lumaren.
DAT.	à ma *Plume*,	ene Lumari.
ACC.	ma *Plume*,	ene Luma.
ABL.	de ma *Plume*,	ene Lumaz.

Pluriel.

NOM.	mes *Plumes*,	ene Lumac *ou* Lumec.
GÉN.	de mes *Plumes*,	ene Lumen.
DAT.	à mes *Plumes*,	ene Lumei.
ACC.	mes *Plumes*,	ene Lumac.
ABL.	de mes *Plumes*,	ene Lumez.

Singulier.

NOM.	ta *Maison*,	hire Etchea *ou* Etcheac.
GÉN.	de ta *Maison*,	hire Etchearen.
DAT.	à ta *Maison*,	hire Etcheari.

Acc.	ta *Maison*,	hire Etchea.
Abl.	de ta *Maison*.	hire Etcheaz.

Pluriel.

Nom.	tes *Maisons*,	hire Etcheac *ou* Etchec.
Gén.	de tes *Maisons*,	hire Etchen.
Dat.	à tes *Maisons*,	hire Etchei.
Acc.	tes *Maisons*,	hire Etcheac.
Abl.	de tes *Maisons*,	hire Etchez.

Singulier.

Nom.	sa *Cousine*,	haren Cusina *ou* Cousinac (1).
Gén.	de sa *Cousine*,	haren Cusinaren.
Dat.	à sa *Cousine*,	haren Cusinari.
Acc.	sa *Cousine*,	haren Cusina.
Abl.	de sa *Cousine*,	haren Cusinaz.

Pluriel.

Nom.	ses *Cousines*,	haren Cusinac *ou* Cousinec.
Gén.	de ses *Cousines*,	haren Cusinen.
Dat.	à ses *Cousines*,	haren Cusinei.
Acc.	ses *Cousines*,	haren Cusinac.
Abl.	de ses *Cousines*,	haren Cusinez.

Singulier.

Nom.	notre *Sœur*,	gure Arreba *ou* Arrebac.
Gén.	de notre *Sœur*,	gure Arrebaren.
Dat.	à notre *Sœur*,	gure Arrebari.
Acc.	notre *Sœur*,	gure Arréba.
Abl.	de notre *Sœur*,	gure Arrebaz.

(1) On dit aussi: Bere Cusina *ou* Cusinac, etc.

Pluriel.

Nom.	nos *Sœurs,*	gure Arrebac *ou* Arrebec.
Gén.	de nos *Sœurs,*	gure Arreben.
Dat.	à nos *Sœurs,*	gure Arrebei.
Acc.	nos *Sœurs,*	gure Arrebac.
Abl.	de nos *Sœurs,*	gure Arrebez.

Singulier.

Nom.	votre *Chambre,*	çure Gambera *ou* Gamberac.
Gén.	de votre *Chambre,*	çure Gamberaren.
Dat.	à votre *Chambre,*	çure Gamberari.
Acc.	votre *Chambre,*	çure Gambera.
Abl.	de votre *Chambre,*	çure Gamberaz.

Pluriel.

Nom.	vos *Chambres,*	çure Gamberac *ou* Gamberec
Gén.	de vos *Chambres,*	çure Gamberen.
Dat.	à vos *Chambres,*	çure Gamberei.
Acc.	vos *Chambres,*	çure Gamberac.
Abl.	de vos *Chambres,*	çure Gamberez.

Singulier.

Nom.	leur *Table,*	heyen Mahaina *ou* Mahainac (1).
Gén.	de leur *Table,*	heyen Mahainaren.
Dat.	à leur *Table,*	heyen Mahainari.
Acc.	leur *Table,*	heyen Mahaina.
Abl.	de leur *Table,*	heyen Mahainaz.

(1) On dit aussi : beren Mahaina *ou* Mahainac, etc.

Pluriel.

Nom. leurs *Tables*,	heyen Mahainac *ou* Mahainec.
Gén. de leurs *Tables*,	heyen Mahainen.
Dat. à leurs *Tables*,	heyen Mahainei.
Acc. leurs *Tables*,	heyen Mahainac.
Abl. de leurs *Tables*,	heyen Mahainez.

EXERCICES AVEC ADJECTIFS DÉMONSTRATIFS.

Singulier.

Nom. ce *Palais*,	Palacio hau *ou* hunec (1).
Gén. de ce *Palais*,	Palacio hunen.
Dat. à ce *Palais*,	Palacio huni.
Acc. ce *Palais*,	Palacio hau.
Abl. de ce *Palais*,	Palacio huntaz.

Pluriel.

Nom. ces *Palais*,	Palacio hauc *ou* hauyec.
Gén. de ces *Palais*,	Palacio hauyen.
Dat. à ces *Palais*,	Palacio hauyei.
Acc. ces *Palais*,	Palacio hauc.
Abl. de ces *Palais*,	Palacio hauyez.

Singulier.

Nom. cet *Oiseau*,	Chori hau *ou* hunec.

(1) Il est à remarquer que l'article Démonstratif basque prend place après le nom qu'il détermine.

Gén. de cet *Oiseau*, Chori hunen.
Dat. à cet *Oiseau*, Chori huni.
Acc. cet *Oiseau*, Chori hau.
Abl. de cet *Oiseau*, Chori huntaz.

Pluriel.

Nom. ces *Oiseaux*, Chori hauc.
Gén. de ces *Oiseaux*, Chori hauyen.
Dat. à ces *Oiseaux*, Chori hauyei.
Acc. ces *Oiseaux*, Chori hauc.
Abl. de ces *Oiseaux*, Chori hautaz.

Singulier.

Nom. cet *Homme*, Guiçon hau *ou* hunec.
Gén. de cet *Homme*, Guiçon hunen.
Dat. à cet *Homme*, Guiçon huni.
Acc. cet *Homme*, Guiçon hau.
Abl. de cet *Homme*, Guiçon huntaz.

Pluriel.

Nom. ces *Hommes*, Guiçon hauc.
Gén. de ces *Hommes*, Guiçon hauyen.
Dat. à ces *Hommes*, Guiçon hauyei.
Acc. ces *Hommes*, Guiçon hauc.
Abl. de ces *Hommes*, Guiçon hautaz.

Singulier.

Nom. cette *Femme*, Emazte hau *ou* hunec.
Gén. de cette *Femme*, Emazte hunen.
Dat. à cette *Femme*, Emazte huni.
Acc. cette *Femme*, Emazte hau.
Abl. de cette *Femme*, Emazte huntaz.

Pluriel.

Nom.	ces *Femmes*,	Emazte hauc *ou* Hauyec.
Gén.	de ces *Femmes*,	Emazte hauyen.
Dat.	à ces *Femmes*,	Emazte hauyei.
Acc.	ces *Femmes*,	Emazte hauc.
Abl.	de ces *Femmes*,	Emazte hautaz.

PRONOMS DÉMONSTRATIFS MASCULINS.

Singulier.

Nom.	*Celui*,	Hau *ou* Hura, etc.
Gén.	de *Celui*,	Hunen *ou* Haren.
Dat.	à *Celui*,	Huni *ou* Hari.
Acc.	*Celui*,	Hau *ou* Hura.
Abl.	de *Celui*,	Huntaz *ou* Hartaz.

Pluriel.

Nom.	*Ceux*,	Hauc *ou* hec.
Gén.	de *Ceux*,	Hauyen *ou* Heyen.
Dat.	à *Ceux*,	Hauyei *ou* Heyei.
Acc.	*Ceux*,	Hauc *ou* Hec.
Abl.	de *Ceux*,	Hauyez *ou* Hetaz.

Singulier.

Nom.	*Celui-ci*,	Hau *ou* Hunec.
Gén.	de *Celui-ci*,	Hunen.
Dat.	à *Celui-ci*,	Huni.
Acc.	*Celui-ci*,	Hau.
Abl.	de *Celui-ci*,	Huntaz.

Pluriel.

NOM.	*Ceux-ci,*	Hauc.
GÉN.	de *Ceux-ci,*	Hauyen.
DAT.	à *Ceux-ci,*	Hauyei.
ACC.	*Ceux-ci,*	Hauc.
ABL.	de *Ceux-ci,*	Hauyez.

Singulier.

NOM.	*Celui-là,*	Hura *ou* Harc.
GÉN.	de *Celui-là,*	Haren.
DAT.	à *Celui-là,*	Hari.
ACC.	*Celui-là,*	Hura.
ABL.	de *Celui-là,*	Hartaz.

Pluriel.

NOM.	*Ceux-là,*	Hec.
GÉN.	de *Ceux-là,*	Heyen.
DAT.	à *Ceux-là,*	Heyei.
ACC.	*Ceux-là,*	Hec.
ABL.	de *Ceux-là,*	Hetaz.

Singulier.

NOM.	*Ceci,*	Hau.
GÉN.	de *Ceci,*	Hunen.
DAT.	à *Ceci,*	Huni.
ACC.	*Ceci,*	Hau.
ABL.	de *Ceci,*	Huntaz.

Singulier féminin.

NOM.	*Celle,*	Hau *ou* Harc, etc.
GÉN.	de *Celle,*	Hunen.
DAT.	à *Celle,*	Huni.
ACC.	*Celle,*	Hau.
ABL.	de *Celle,*	Huntaz.

Pluriel.

Nom.	*Celles,*	Hauc *ou* Hec, etc.
Gén.	de *Celles,*	Hauyen.
Dat.	à *Celles,*	Hauyel.
Acc.	*Celles,*	Hauc.
Abl.	de *Celles,*	Hautaz.

Singulier.

Nom.	*Celle-ci,*	Hau *ou* hunec.
Gén.	de *Celle-ci,*	Hunen.
Dat.	à *Celle-ci,*	Huni.
Acc.	*Celle-ci,*	Hau.
Abl.	de *Celle-ci,*	Huntaz.

Pluriel.

Nom.	*Celles-ci,*	Hauc *ou* hauyec.
Gén.	de *Celles-ci,*	Hauyen.
Dat.	à *Celles-ci,*	Hauyei.
Acc.	*Celles-ci,*	Hauc.
Abl.	de *Celles-ci,*	Hautaz.

Singulier.

Nom.	*Celle-là,*	Hura *ou* Harc.
Gén.	de *Celle-là,*	Haren.
Dat.	à *Celle-là,*	Hari.
Acc.	*Celle-là,*	Hura.
Abl.	de *Celle-là,*	Hartaz.

Pluriel.

Nom.	*Celles-là,*	Hec,
Gén.	de *Celles-là,*	Heyen.
Dat.	à *Celles-là,*	Heyei.
Acc.	*Celles-là,*	Hec.
Abl.	de *Celles-là,*	Hetaz.

PRONOMS RELATIFS.

Singulier et Pluriel.

NOM.	*Qui,*	Ceina, ceinac *ou* ceinec.
GÉN.	de *Qui,*	Ceinaren *ou* ceinen.
DAT.	à *Qui,*	Ceinari *ou* ceinei.
ACC.	*Qui* ou *Que,*	Ceina *ou* ceinac.
ABL.	de *Qui* ou *Dont,*	Ceinaz *ou* ceinez.

Singulier.

NOM.	*Quoi,*	Cer.
GÉN.	de *Quoi,*	Ceinaren.
DAT.	à *Quoi,*	Ceri.
ACC.	*Quoi,*	Cer.
ABL.	de *Quoi,*	Certaz.

Singulier.

NOM.	*Lequel,*	Ceina *ou* ceinac.
GÉN.	*Duquel,*	Ceinaren.
DAT.	*Auquel,*	Ceinari.
ACC.	*Lequel,*	Ceina.
ABL.	*Duquel,*	Ceinaz.

Pluriel.

NOM.	*Lesquels,*	Ceinac *ou* ceinec.
GÉN.	*Desquels,*	Ceinen.
DAT.	*Auxquels,*	Ceinei.
ACC.	*Lesquels,*	Ceinac.
ABL.	*Desquels,*	Cetnez.

Singulier féminin.

Nom.	*Laquelle,*	Ceina *ou* ceinac.
Gen.	de *Laquelle,*	Ceinaren.
Dat.	à *Laquelle,*	Ceinari.
Acc.	*Laquelle,*	Ceina.
Abl.	de *Laquelle,*	Ceinaz.

Pluriel.

Nom.	*Lesquels,*	Ceinac *ou* ceinec.
Gén.	*Desquels,*	Ceinen.
Dat.	*Auxquels,*	Ceinei.
Acc.	*Lesquels,*	Ceinac.
Abl.	*Desquels,*	Ceinez.

DÉCLINAISONS
DE QUELQUES NOMS PROPRES.

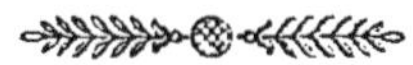

Singulier.

Nom.	*Dieu,*	Jaincoa.
Gén.	de *Dieu,*	Jaincoaren.
Dat.	à *Dieu,*	Jaincoari.
Acc.	*Dieu,*	Jaincoa.
Voc.	ô *Dieu,*	ô Jaincoa.
Abl.	de *Dieu,*	Jaincoaz.

Singulier.

Nom.	*Jésus-Christ,*	Jesu-Christo.
Gén.	de *Jésus-Christ,*	Jesu-Christoren.
Dat.	à *Jésus-Christ,*	Jesu-Christori.

ACC. *Jésus-Christ,* Jesu-Christo.
VOC. ô *Jésus-Christ,* ô Jesu-Christo.
ABL. de *Jésus-Christ,* Jesu-Christoz.

Ainsi se déclinent : *Paul*, Paulo, *Ambroise*, Ambrosio, etc.

Singulier.

NOM. *Jean,* Joanes.
GÉN. de *Jean,* Joanesen.
DAT. à *Jean,* Joanesi.
ACC. *Jean,* oanes.
VOC. ô *Jean,* ô Joanes.
ABL. de *Jean,* Joanesez.

Ainsi se déclinent : *Pierre*, Piarres ; *André*, Andres, etc.

Singulier.

NOM. *Marie,* Maria.
GÉN. de *Marie,* Mariaren.
DAT. à *Marie,* Mariari.
ACC. *Marie,* Maria.
VOC. ô *Marie,* ô Maria.
ABL. de *Marie,* Mariaz.

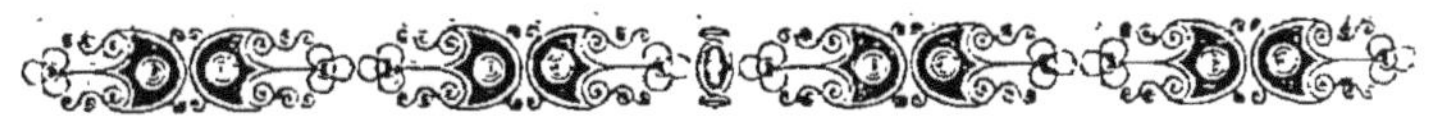

DIFFÉRENTS DEGRÉS DE SIGNIFICATION DANS LES ADJECTIFS.

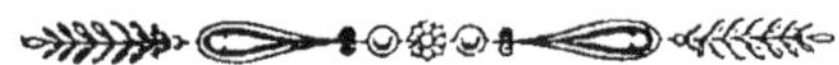

Masculins.

Savant,	*plus Savant,*	*très-Savant* (1).
Yakinsuna,	Yakinsunagoa,	arras Yakinsuna.
Saint,	*plus Saint,*	*le plus Saint.*
Saindua,	Sainduagoa,	Sainduena.

Ainsi peuvent se rendre : *Grand,* Handia; *Malheureux,* Malurusa; *Paresseux,* Alferra; *Petit,* Chumea; *Léger,* Arina, etc.

Féminins.

Savante,	*plus Savante,*	*très-Savante.*
Yakinsuna,	Yakinsunagoa,	arras Yakinsuna.
Sainte,	*plus Sainte,*	*la plus Sainte.*
Saindua,	Sainduagoa,	Sainduena.

Ainsi se rendront : *Grande,* Handia; *Malheureuse,* Malurusa; *Paresseuse,* Alferra; *Petite,* Chumea; *Légère,* Arina, etc., etc.

QUELQUES ADJECTIFS IRRÉGULIERS.

Bon, Meilleur,	*le Meilleur* ou *très-Bon.*
Ona, Onagoa, *ou* hobea,	Hoberena *ou* arras Ona.

(1) *Remarque.* Les Adjectifs Basques, à quelques degrés qu'ils soient, se déclinent comme les Substantifs.

Mauvais,	*plus Mauvais* ou *Pire,*	*le plus Mauvais* ou *très-Mauvais.*
Tcharra,	Tcharragoa,	Tcharrena *ou* arras Tcharra.
Petit,	*plus Petit* ou *Moindre,*	*le plus Petit* ou *le Moindre* ou *très-Petit.*
Chumea,	Chumeagoa,	Chumena *ou* arras Chumea.

DIFFÉRENS DEGRÉS DE SIGNIFICATION DANS LES ADVERBES.

Doctement,	*plus Doctement,*	*très-Doctement.*
Yakinsuki,	Yakinsukiago,	arras Yakinsuki.
Vite,	*plus Vite,*	*très-Vite.*
Laster,	Lasterrago,	arras Laster.

Ainsi se rendent: *Saintement*, Sainduki; *Honnêtement*, Oneski; *Souvent*, Maiz; *Proche*, Hurbil, etc.

QUELQUES ADVERBES IRRÉGULIERS.

Bien,	*Mieux,*	*très-Bien* ou *le Mieux.*
Ongui,	Hobeki,	arras Ongui edo Hobekiena.
Mal,	*plus Mal* ou *Pire,*	*très-Mal* ou *le plus Mal.*
Gaizki,	Gaizkiago,	arras Gaizki, *ou* Gaizkiena.

MANIÈRE

DE COMPTER EN FRANÇAIS ET EN BASQUE.

Un,	Bat (1).
Deux,	Bia.
Trois,	Hirur.
Quatre,	Laur.
Cinq,	Bortz.
Six,	Sei.
Sept,	Çazpi.
Huit,	Çortci.
Neuf,	Bederatci.
Dix,	Hamar.

(1) *Remarque.* — Lorsque l'article numérique basque *bat* accompagne un nom, il prend toujours place après lui, comme : un enfant, *haur bat;* une poule, *oilo bat,* etc.; mais les autres se placent comme en français devant le substantif. Parmi ces articles numériques jusqu'à mille, il faut remarquer qu'il n'y a que *bia* qui porte l'article *a* et encore celui-ci le perd devant un nom : deux verres, *bi basso;* deux malades, *bi eri,* etc. Si on voulait déterminer ces adjectifs numéraux en disant : l'un, les deux, les trois, les quatre, etc.; on dirait aussi en basque : *bata* ou *batac, biac, hirurac, laurac,* etc., et deviennent déclinables.

Onze,	Hameca.
Douze,	Hamabi.
Treize,	Hamahirur.
Quatorze,	Hamalaur.
Quinze,	Hamabortz.
Seize,	Hamasei.
Dix-sept,	Hamaçazpi.
Dix-huit,	Hemeçortci.
Dix-neuf,	Hemeretci.
Vingt,	Hogoi.
Trente,	Hogoi eta Hamar.
Quarante,	Berrogoi.
Cinquante,	Berrogoi eta Hamar.
Soixante,	Hiruretan Hogoi.
Soixante-dix,	Hiruretan hogoi eta hamar.
Quatre-vingt,	Lauretan Hogoi.
Quatre-vingt-dix,	Lauretan Hogoi eta Hamar.
Cent,	Ehun.
Deux cents,	Berrehun.
Trois cents,	Hirur Ehun.
Quatre cents,	Laur Ehun.
Cinq cents,	Bortz Ehun.
Six cents,	Sei Ehun.
Sept cents,	Çazpi Ehun.
Huit cents,	Çortci Ehun.
Neuf cents,	Bederatci Ehun.
Mille,	Milla.
Deux mille,	Bi Milla.
Trois mille, etc.	Hirur Milla. etc.

NOMBRES ORDINAUX.

FRANÇAIS.	BASQUE.
Le *Premier,*	Lehena.
Le *Second,*	Bigarrena.

e *Troisième,*	Hirurgarrena.
e *Quatrième,*	Laurgarrena.
e *Cinquième,*	Bortzgarrena.
e *Sixième,*	Seigarrena.
e *Septième,*	Çazpigarrena.
e *Huitième,*	Çortcigarrena.
e *Neuvième,*	Bederatcigarrena.
e *Dixième,*	Hamargarrena.
e *Onzième,*	Hamecagarrena.
e *Douzième,*	Hamabigarrena.
e *Treizième,*	Hamahirur garrena.
e *Quatorzième,*	Hamalaurgarrena.
e *Quinzième,*	Hamabortzgarrena.
e *Seizième,*	Hamaseigarrena.
e *Dix septième,*	Hamaçazpigarrena.
e *Dix-huitième,*	Hemeçortcigarrena.
e *Dix-neuvième,*	Hemeretcigarrena.
e *Vingtième,*	Hogoigarrena.
e *Trentième,*	Hogoi eta Hamargarrena.
e *Quarantième,*	Berrogoigarrena.

On dirait sans Article :

remier,	Lehen.
econd,	Bigarren.
roisième,	Hirurgarren.
uatrième,	Laurgarren, etc., etc.

QUELQUES PRÉPOSITIONS,

ADVERBES, CONJONCTIONS ET INTERJECTIONS.

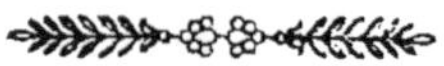

FRANÇAIS.	BASQUE.
Après,	Guero.
Auprès,	Aldean.
Avant,	Lehenago.
Contre,	Contra.
Depuis,	Gueroztic.
Derrière,	Guibelean.
Devant,	Aitçinean.
Environ,	Inguruna.
Excepté,	Salbu.
Hormis,	Salbu.
Hors,	Campo.
Malgré,	Nahi eta ez.
Nonobstant,	Nahi eta ez.
Près,	Hurbil.
Sans,	Gabe.
Sauf,	Salbu.
Selon,	Arabera.
Suivant,	Arabera.
Sur,	Gainean.
Vis-à-vis,	Bisian bis.
Voici,	Huna.
Voilà,	Hara *ou* Horra.
Sous,	Azpian.
Le lendemain,	Biharamuna *ou* Biharamunean.

La veille,	**Bezpera** *ou* **Bezperan.**
Après-demain,	**Etzi.**
Pourquoi,	**Certaco.**
Assurément,	**Segurki.**
Point du tout,	**Batere.**
Nullement,	**Neholere.**
Peut-être,	**Menturaz.**
Par hasard,	**Ustegabe.**
Ainsi,	**Hola.**
De même que,	**Hala nola.**
Pareillement,	**Orobat.**
Conjointement,	**Elkharrekin.**
A part,	**Berech.**
Alors,	**Orduan.**
Assez,	**Aski.**
Aujourd'hui,	**Egun.**
Auparavant,	**Lehen.**
Aussi,	**Orobat.**
Autant,	**Hain bertce.**
Beaucoup,	**Hainitz.**
Bien,	**Ongui.**
Bientôt,	**Laster.**
D'abord,	**Berheala.**
Davantage,	**Guehiago.**
Dedans,	**Barnean.**
Dehors,	**Campoan.**
Déjà,	**Jadanic.**
Demain,	**Bihar.**
Désormais,	**Hemendic aitcina.**
Dessous,	**Azpian.**
Dessus,	**Gainean.**
Enfin,	**Finean.**
Ensemble,	**Elkharrekin.**
Ensuite,	**Guero.**

Hier,	Atço.
Jadis,	Bertce orduz.
Jamais,	Behinere.
Ici,	Hemen.
Là,	Hau.
Loin,	Urrun.
Maintenant,	Orai.
Même,	Orobat *ou* ere.
Pourtant,	Bizkitartean *ou* hargatic.
Près,	Aldean.
Presque,	Abantçu.
Toujours,	Bethi.
Trop,	Sobera.
Souvent,	Maïz.
Volontiers,	Gogotic.
Quant à vous,	Çulaz denaz becen batean.
Non-seulement,	Ez choilki.
Mais encore,	Bainan oraino.
Ou,	Edo.
Ainsi que,	Hala nola.
Car,	Ecen.
Comme,	Beçala.
Tellement que,	Halaco guisaz non.
Cependant,	Hargatic *ou* Biskitartean.
Donc,	Beraz.
Et,	Eta.
Lorsque,	Noizeta ere.
Mais,	Bainan.
Néanmoins,	Biskitartean.
Or,	Bada.
Parce que,	Ceren.
Quand,	Noiz.
Quoique,	Nahiz
Si,	Baldin.

Toutefois!	Guciagatic.
Afin que!	Amoreagatic eta.
En cas que!	Encas.
De peur que!	Beldurrez eta.
Sur ces entrefaites!	Bizkitarte hortan.
Ah!	Ah!
Oh!	Oh!
Hé!	Hé!
Hélas!	Hélas!
Holà!	Holà!
Quoi!	Cer!
Courage!	Animu!
Gare!	Guardia!
Adieu!	Adio!

QUELQUES PRÉPOSITIONS

Qui ne se rendent en Basque qu'après leur régime, qui est ou un Génitif ou un Ablatif ou un Accusatif. Il s'en trouve cependant quelques-unes qui peuvent se placer avant, comme on le verra ci-après.

Auprès du Chemin,	Bidearen aldean.
Avec son Compagnon,	Bere lagunarekin.
Chez son Ami,	Bere adiskidearen baithan.
Dans la Ville,	Hirian.
Dès son Enfance,	Bere haurtasunetic.
Durant la Guerre,	Guerla demboran.

En Italie,	Italian.
Envers sa Tante,	Bere içabaren alderat.
Loin du Pays,	Herritic urrun.
Moyennant de l'Argent,	Diruaren medioz.
Outre le Maître,	Nagusiaz berçalde.
Par l'Homme,	Guiçonaz.
Parmi les Écoliers,	Escolieren artean.
Pendant la Messe,	Meçaco demboran.
Sans Eau,	Uric gabe.
Selon l'Auteur,	Autoraren arabera.
Suivant la Coutume,	Costumaren arabera.
Touchant son Sort,	Bere çorteaz kestione.
Vers l'Hiver,	Negu alderat.
Vis-à-vis de la Montagne,	Mendiari bisian bis.
Autour de l'Église,	Eliçaren inguruan.
Pour le Dîner,	Bazcariarençat *ou* Bascaricotçat.
En deça de la Rivière,	Arriberaz hunaindian.
Au-dessous de la Maison,	Etchearen azpico aldean.
Au-dedans du Royaume,	Erresumaren barnean.
Dans l'espace d'un an,	Urthe batic barnean.
Au-dessus de la Tête,	Buruaren gaineco aldean.
Au-delà des Frontières,	Funteren haindian.
Jusqu'à la Mort,	Heriotceraino.
A l'insu de l'Oncle,	Osabaren ezyakinean.
Après la Pluie,	Uriaren ondotic.
Avant le Combat,	Guduaren aitçinean.
Contre le Chat,	Gathuaren contra.
Depuis ma Maladie,	Ene eritasunaz gueroz.
Derrière le Château,	Yaureguiaren guibelean.
Devant la Reine,	Erreguinaron aitcinean.
Entre deux années,	Bi armaden artean.
Environ un mois,	Hilabete baten ingurua.
Excepté l'Ame,	Arima salbu.

Hormis l'Ane,	Astoa campo.
Hors du Couvent,	Comentutic campo.
Malgré les Gascons,	Gascoinec nahi eta ez.
Nonobstant les Anglais,	Anglesec nahi eta ez.
Près de la Mer,	Itsasoaren aldean.
Sauf les Basques,	Escualdunac salbu.
Sur la Fenêtre,	Leihoaren gainean.
Voici l'Homme,	Huna guiçona.
Voilà la Femme,	Horra emastekia.
Sous la Table,	Mahainaren aspian.
Dans le lendemain de Pâques,	Basco biharamunean.
Dans la veille de Noël,	Eguberri besperan.
ssez de paroles,	Elheric aski.
utant d'argent que lui,	Harc becembat diru.
eaucoup de Vin,	Arno hanitz.
Dedans le Tonneau,	Dupharen barnean.
Trop de Feu,	Su sobera.

QUELQUES CONJONCTIONS

Qui ne peuvent pas s'employer seules en Basque.

Ni Pierre, ni Jean,	Ez Piarres, ez Joanes.
Puisque tu lis,	Iracurtcen ducanaz gueroz.
A moins qu'il ne soit malade,	Non ezden eri.
Avant que le Roi arrive,	Erregue elhorri baino lehen.
Jusqu'à ce qu'il soit guéri,	Sendatu ditekeyen arteraino.
Pourvu que vous chantiez, la société sera contente,	Cantatcen duçun ber, compainia content içanen da.

QUELQUES ADVERBES DE LIEU, SIGNIFIANT REPOS.

Où,	Non.
Là,	Han, *ou* Hor.
Y,	Han *ou* Hemen *ou* Hor.
Ailleurs,	Bercetan.
Partout,	Orotan.
Là-même,	Hor *ou* han berean.
Nulle part,	Nehon.
Dehors,	Campoan.
Dedans,	Barnean.
Ici,	Hemen.

ADVERBES QUI MARQUENT MOUVEMENT.

Où,	Norat.
Là,	Harat *ou* Horrat.
Y,	Harat *ou* hunat *ou* horrat.
Ailleurs,	Bercetarat.
Partout,	Orotarat.
Là-même,	Harat *ou* Horrat bererat.
Nulle part,	Nehorat.
Dehors,	Camporat.
Dedans,	Barnerat.
Ici,	Húnat.
D'où,	Nondic.
De là,	Handic *ou* Hortic.
D'ici,	Homendic.
Par où,	Non gaindi.
Par lâ,	Han gaindi *ou* hor gaindi.
Par ici,	Hemen gaindi.

OBSERVATION.

On doit avoir remarqué dans les exercices de cet Opuscule, que j'ai suivi, quant aux déclinaisons, le système de nos devanciers; mais on verra par les désinences du nom ci-après décliné, qu'on pourrait porter le nombre des cas au lieu de six, à douze ou treize; il est permis de désirer que quelque bon génie s'avise de nous imposer la dénomination et le nombre des cas à cet égard.

DÉCLINAISON COMPLÈTE.

Singulier.

Guiçon,	*Homme.*
Guiçona,	*l'Homme.*
Guiçonac,	*l'Homme.*
Guiçonaren,	*de l'Homme.*
Guiçonari,	*à l'Homme.*
Guiçonaz,	*de l'Homme.*
Guiçonic,	*d'Homme.*
Guiçonaganic,	*de l'Homme.*
Guiçonagana,	*vers l'Homme.*
Guiçonabaithan,	*dans* ou *chez l'Homme.*
Guiçonarentçat,	*pour l'Homme.*
Guiçonarekin,	*avec l'Homme*
Guiçoneraino,	*jusqu'à l'Homme.*

Pluriel.

Guiçonac,	*les Hommes.*
Guiçonec,	*les Hommes.*

Guiçonen,	*des Hommes.*
Guiçonei,	*aux Hommes.*
Guiçonez,	*des Hommes.*
Guiçonetaric,	*des Hommes.*
Guiçonengana,	*vers les Hommes.*
Guiçonenbaithan,	*dans* ou *chez les Hommes.*
Guiçonençat,	*pour les Hommes.*
Guiçonekin,	*avec les Hommes.*
Guiçonetaraïno,	*jusqu'aux Hommes.*

SEMAINE BASQUE.

Astelehena,	*Lundi.*
Astehartea,	*Mardi.*
Asteazkena,	*Mercredi.*
Orceguna,	*Jeudi.*
Orciralea,	*Vendredi.*
Larumbata,	*Samedi.*
Ingandea,	*Dimanche.*

LES NOMS DES 12 MOIS DE L'ANNÉE.

Urtharila,	*Janvier.*
Otsaila,	*Février.*
Marchoa,	*Mars.*
Aphirila,	*Avril.*
Mayatza,	*Mai.*
Erearoa,	*Juin.*
Uztaila,	*Juillet.*
Aboztua,	*Août.*
Buruila,	*Septembre.*
Urria,	*Octobre.*
Hacila,	*Novembre.*
Abendoa,	*Décembre.*

PRÉLIMINAIRE

DE LA CONJUGAISON BASQUE.

Avant d'entrer dans le vaste domaine de la Conjugaison des Verbes, je dois prévenir que m'étant imposé le devoir de me renfermer dans la traduction fidèle du Français, je n'ai pas pu produire, surtout dans les Infinitifs, la valeur, même approchante, des ressources de notre langue; car comment rendre en Français, sans le secours des prépositions, toutes les façons de parler suivantes : *Cantatce, Cantatcearen, Cantatceari, Cantatcez, Cantatcetic, Cantatceco, Cantatcera ; Yate, Yatearen, Yateari, Yatez, Yateaz, Yatetic, Yateco, Yatera* (1). Cette analogie est pourtant souvent en usage et est applicable à la plupart des Verbes d'action. On doit d'ailleurs apercevoir dans ces diverses tournures que l'Infinitif

(1) *Voir* page 64 avec la suite.

Basque peut devenir Substantif et conséquemment prendre en partie les désinences des déclinaisons.

On trouvera, immédiatement avant les modèles des conjugaisons des Verbes, le répertoire ou tableau des temps premiers, découverte précieuse pour les étrangers à cette langue, puisqu'ils pourront, sans le secours d'aucun maître, conjuguer tous les verbes consignés audit tableau.

J'aurais voulu comprendre dans ce tableau tous les Verbes en usage dans notre langue; alors toute la famille des Verbes aurait pu devenir conjugable par quiconque saurait lire; car autrement comment un individu non initié dès sa jeunesse dans le génie du basque saurait-il découvrir les temps premiers d'un verbe; je prétends que c'est là une impossibilité morale; je ne veux pas me vanter d'avoir été inspiré le premier pour cette invention; mais ce que je soutiendrai, c'est qu'il ne m'a jamais été donné de rencontrer, dans aucun auteur Basque, ce procédé que je regarde comme le plus sûr et le moins embarrassant. Je vais présenter, à la suite de ce préambule, par demande et par réponse, la formation ou composition de tous les Temps. Qu'on ait toujours recours audit répertoire et aux auxiliaires, *içatea* et *ukhatea,* suivant que le verbe dont on devra se servir sera Verbe d'état ou d'action transitive ou intransitive. Au surplus, les Verbes modèles sont là, en nombre suffisant, tout conjugués; on ne pourra pas se tromper. On peut appeler Temps composés tous les temps des modes personnels, puisqu'en général on emprunte, pour les Verbes d'action, la seconde partie du Verbe auxiliaire basque *Ukhatea,* et pour les verbes d'état, le verbe auxiliaire Basque *Içatea.* Il va sans dire qu'il y a dans notre langue cinq modes : l'Infinitif, l'Indicatif, le Conditionnel, l'Impératif et le Subjonctif.

On peut employer activement le verbe *Ukhatea.*

Il ne faut pas confondre le verbe auxiliaire basque *Içatea* avec le verbe *Içaïtea;* ce dernier offre une signification active avec l'idée de possession.

FORMATION

OU

COMPOSITION DES TEMPS DES VERBES BASQUES.

Demande. Quels sont les Temps premiers d'un verbe Basque ?

Réponse. Ce sont : l'Infinitif présent, l'Indicatif présent, le Participe passé, le Futur de l'Indicatif et l'Impératif, qui en est le radical.

D. Comment peut-on former le participe présent ?

R. En recourant au Tableau des temps premiers (1), et en ajoutant à la racine de l'infinitif un *n*.

D. Comment peut-on composer le présent de l'indicatif ?

R. On recourra à la colonne de l'indicatif, et on y prendra la racine à la suite de laquelle on mettra le présent de l'indicatif de l'auxiliaire basque *dut*, *duc*, etc. (2).

(1) Page 52. — (2) *Idem.*

D. Comment peut-on composer l'imparfait de l'indicatif ?

R. En prenant encore la même racine de la colonne de l'indicatif, et en la faisant accompagner de l'imparfait *nuen*, *huen*, etc., de l'auxiliaire.

D. Comment peut-on composer le passé défini ?

R. En prenant la racine de la colonne du participe, et en y joignant l'auxiliaire *nuen*, *huen*, etc., de l'imparfait de l'indicatif.

D. Comment peut-on composer le passé indéfini et le passé antérieur ?

R. On prendra à la colonne du participe la racine à laquelle on ajoutera *dut*, *duc*, etc., du présent de l'indicatif de l'auxiliaire.

D. Comment peut-on composer le plus-que-parfait de l'indicatif ?

R. De même que le passé défini.

D. Comment pourra-t-on composer le futur ?

R. En prenant à la colonne du futur la racine à laquelle on ajoutera l'auxiliaire *dut*, *duc*, etc., du présent de l'indicatif.

D. Comment pourra-t-on composer le futur passé ?

R. Avec le participe revêtu de l'article *a* ou *ac*, et le futur complet de l'auxiliaire *ukhanen dut*, *ukhanen duc*, etc.

D. Comment peut-on composer le conditionnel présent ?

R. En prenant de la colonne de l'impératif le radical pur du verbe, et en ajoutant l'auxiliaire *neçake*, *heçake*, etc., du conditionnel présent.

D. Comment peut-on composer le conditionnel passé ?

R. En prenant de la colonne du participe la racine revêtue de l'article *a* ou *ac*, et ajoutant l'auxiliaire complet *ukhanen nuen*, *ukhanen huen*, etc., du second conditionnel passé.

D. Comment peut-on composer le second conditionnel passé ?

R. En prenant à la colonne du futur la racine et en ajoutant l'auxiliaire *nuen*, *huen*, etc., de l'imparfait de l'indicatif.

D. Comment peut-on composer l'impératif ?

R. En prenant à la colonne de l'impératif le radical pur, et en ajoutant l'auxiliaire *çac*, *beça*, etc., de l'impératif.

D. Comment pourra-t-on composer le présent du subjonctif ?

R. En prenant à la colonne de l'impératif le radical, et en ajoutant l'auxiliaire *deçadan*, *deçacan*, etc., du présent du subjonctif.

D. Comment peut-on composer l'imparfait du subjonctif?

R. De même que le présent du subjonctif en ajoutant l'auxiliaire *neçan*, *heçan*, etc., de l'imparfait du subjonctif.

D. Comment peut-on composer le passé du subjonctif?

R. En ajoutant au participe de la colonne l'auxiliaire *dukedan*, *dukeyan*, etc., du passé du subjonctif.

D. Comment peut-on composer le plus-que-parfait du subjonctif?

R. De la même manière que le passé du subjonctif en ajoutant l'auxiliaire *nukeyen*, *hukeyen*, du plus-que-parfait du subjonctif.

N. B. — Quant à la formation des Verbes d'état ou passifs, il n'y a qu'à prendre la racine de la colonne du participe, qu'à y joindre l'article *a* ou *ac*, et la faire accompagner dans tous les temps par l'auxiliaire *içatca*. *Voyez* le verbe passif modèle tout conjugé.

Pour ce qui est des Verbes intransitifs ou neutres, ainsi que des Verbes appelés réfléchis, on aura recours à leurs conjugaisons modèles; on ne tardera pas à se mettre au courant de tout le mécanisme de la composition.

RÉPERTOIRE

OU

TABLEAU

DES TEMPS PREMIERS DE 146 VERBES BASQUES.

TABLEAU.

	INFINITIF PRÉSENT.	INDICATIF PRÉSENT.
Aboyer,	Saingatcea,	Saingatcen,
Acheter,	Erostea,	Erosten,
Affaiblir,	Flacatcea,	Flacatcen,
Aider,	Laguntcea,	Laguntcen,
Aimer,	Maithatcea,	Maithatcen,
Aller,	Yoatea,	Yoaten,
Allumer,	Phitztea,	Phitzten,
Appeler,	Deitcea,	Deitcen,
Apprendre,	Ikhastea,	Ikhasten,
Argenter,	Cilharstatcea,	Cilharstatcen,
Arrêter,	Baratcea,	Baratcen,
Attendre,	Igurikitcea,	Igurikitcen,
Attrapper,	Harrapatcea,	Harrapatcen,
Attrister,	Tristatcea,	Tristatcen,
Augmenter,	Emendatcea,	Emendatcen,
Avoir,	Ukhatea,	Ukhaten,
Baigner,	Mainhatcea,	Mainhatcen,
Balayer,	Chahutcea,	Chahutcen,
Baptiser,	Bathaiatcea,	Bathaiatcen,
Battre,	Yotcea,	Yotcen,
Bêcher,	Aitçurcea,	Aitçurcen,
Bénir,	Benedicatcea,	Benedicatcen,
Blanchir,	Churitcea,	Churitcen,
Blesser,	Colpatcea,	Colpatcen,
Boire,	Edatea,	Edaten,
Boutonner,	Botoindatcea,	Botoindatcen,
Brider,	Bridatcea,	Bridatcen,

TABLEAU.

PARTICIPE PASSÉ.	FUTUR DE L'INDICATIF.	IMPÉRATIF RADICAL.
Saingatu,	Saingatuco,	Sainga.
Erosi,	Érosico,	Eros.
Flacatu,	Flacatuco,	Flaca.
Lagundu,	Lagunduco,	Lagun.
Maithatu,	Maithatuco,	Maitha.
Yoan,	Yoanen,	Yoan.
Phitztu,	Phitztuco,	Phitz.
Deithu,	Deituco,	Deit.
Ikhasi,	Ikhasico,	Ikhas.
Cilharstatu,	Cilharstatuco,	Cilharsta.
Baratu,	Baratuco,	Bara.
Iguriki,	Igurikico,	Iguriki.
Harrapatu,	Harrapatuco,	Harrapa.
Tristatu,	Tristatuco,	Trista.
Emendatu,	Emendatuco,	Emenda.
Ukhan,	Ukhanen,	Ukhan.
Mainhatu,	Mainhatuco,	Mainha.
Chahutu,	Chahutuco,	Chahu.
Bathaiatu,	Bathaiatuco,	Bathaia.
Yo,	Yoco,	Yo.
Aitçurtu,	Aitçurtuco,	Aitçur.
Benedicatu,	Benedicatuco,	Benedica.
Churitu,	Churituco,	Churi.
Colpatu,	Colpatuco,	Colpa.
Edan,	Edanen,	Edan.
Botoindatu,	Botoindatuco,	Botoinda.
Bridatu,	Bridatuco,	Brida.

TABLEAU.

	INFINITIF PRÉSENT.	INDICATIF PRÉSENT.
Briller,	Distiatcea,	Distiatcen,
Briser,	Porroscatcea,	Porroscatcen,
Broder,	Brodatcea,	Brodatcen,
Brosser,	Escubilatcea,	Escubilatcen,
Brûler,	Erretcea,	Erretcen,
Cacher,	Gordetcea,	Gordetcen,
Calmer,	Calmatcea,	Calmatcen,
Caresser,	Caresatcea,	Caresatcen,
Célébrer,	Celebratcea,	Celebratcen,
Chanter,	Cantatcea,	Cantatcen,
Combattre,	Guducatcea,	Guducatcen,
Commencer,	Hastea,	Hasten,
Communier,	Comuniatcea,	Comuniatcen,
Comprendre,	Comprenitcea,	Comprenitcen,
Compter,	Khondatcea,	Khondatcen,
Condamner,	Condenatcea,	Condenatcen,
Conduire,	Guidatcea,	Guidatcen,
Confesser,	Cofesatcea,	Cofesatcen,
Confier,	Confidatcea,	Confidatcen,
Confirmer,	Confirmatcea,	Confirmatcen,
Confondre,	Confonditcea,	Confonditcen,
Conjurer,	Conyuratcea,	Conyuratcen,
Connaître,	Eçagutcea,	Eçagutcen,
Consacrer,	Consecratcea,	Consecratcen,
Conseiller,	Conseilatcea,	Conseilatcen,
Consentir,	Onhartcea,	Onhartcen,
Conserver,	Conserbatcea,	Conserbatcen,

TABLEAU.

PARTICIPE PASSÉ.	FUTUR DE L'INDICATIF.	IMPÉRATIF RADICAL.
Distiatu,	Distiatuco,	Distia.
Porroscatu,	Porroscatuco,	Porrosca.
Brodatu,	Brodatuco,	Broda.
Escubilatu,	Escubilatuco,	Escubila.
Erre,	Erreco,	Erre.
Gorde,	Gordeco,	Gorde.
Calmatu,	Calmatuco,	Calma.
Caresatu,	Caresatuco,	Caresa.
Celebratu,	Celebratuco,	Celebra.
Cantatu,	Cantatuco,	Canta.
Guducatu,	Guducatuco,	Guduca.
Hasi,	Hasico,	Has.
Comuniatu,	Comuniatuco,	Comunia.
Comprenitu,	Comprenituco,	Compreni.
Khondatu,	Khondatuco,	Khonda.
Condenatu,	Condenatuco,	Condena.
Guidatu,	Guidatuco,	Guida.
Cofesatu,	Cofesatuco,	Cofesa.
Confidatu,	Confidatuco,	Confida.
Confirmatu,	Confirmatuco,	Confirma.
Coufonditu,	Confondituco,	Confondi.
Conyuratu,	Conyuratuco,	Conyura.
Eçagutu,	Eçagutuco,	Eçagut.
Consecratu,	Consecratuco,	Consecra.
Conseilatu,	Conseilatuco,	Conseila.
Onhartu,	Onhartuco,	Onhar.
Conserbatu,	Conserbatuco,	Conserba.

TABLEAU.

	Infinitif présent.	Indicatif présent.
Considérer,	Consideratcea,	Consideratcen,
Consoler,	Consolatcea,	Consolatcen,
Consommer,	Consumitcea,	Consumitcen,
Consulter,	Consultatcea,	Consultatcen,
Contempler,	Contemplatcea,	Contemplatcen,
Contenter,	Contentatcea,	Contentatcen,
Conter,	Contatcea,	Contatcen,
Continuer,	Seguitcea,	Seguitcen,
Contraindre,	Borchatcea,	Borchatcen,
Convertir,	Conbertitcea,	Conbertitcen,
Corrompre,	Corrompitcea,	Corrompitcen,
Coucher,	Etçatea.	Ktçaten,
Coudre,	Yostea,	Yosten,
Couronner,	Khoroatcea,	Khoroatcen,
Couper,	Phicatcea,	Phicatcen,
Courber,	Makhurtcea,	Makhurtcen,
Coûter,	Gostatcea,	Gostatcen,
Couvrir,	Estalcea,	Estalcen,
Créer,	Creatcea,	Creatcen,
Crépir,	Emocatcea,	Emocatcen,
Crever,	Lehertcea,	Lehertcen,
Cribler,	Baholatcea,	Baholatcen,
Croire,	Sinhestea,	Sinhesten,
Croiser,	Gurutçatcea,	Gurutçatcen,
Crucifier,	Gurutceficatcea,	Gurutceficatcen,
Damner,	Damnatcea,	Damnatcen,
Danser,	Dançatcea,	Dançatcen,

TABLEAU.

PARTICIPE PASSÉ.	FUTUR DE L'INDICATIF.	IMPÉRATIF RADICAL.
Consideratu,	Consideratuco,	Considera.
Consolatu,	Consolatuco,	Consola.
Consumitu,	Consumituco,	Consumi.
Consultatu,	Consultatuco,	Consulta.
Contemplatu,	Contemplatuco,	Contempla.
Contentatu,	Contentatuco,	Contenta.
Contatu,	Contatuco,	Conta.
Seguitu,	Seguituco,	Segui.
Borchatu,	Borchatuco,	Borcha.
Conbertitu,	Conbertituco,	Conberti.
Corrompitu,	Corrompituco,	Corrompi.
Etçan,	Etçanen,	Etçan.
Yosi,	Yosico,	Yos.
Khoroatu,	Khorocatuco,	Khoroa.
Phicatu,	Phicatuco,	Phica.
Makhurtu,	Makhurtuco,	Makhur.
Gosta,	Gostaco,	Gosta.
Estali,	Estalico,	Estal.
Creatu,	Creatuco,	Crea.
Emocatu,	Emocatuco,	Emoca.
Lehertu,	Lehertuco,	Leher.
Baholatu,	Baholatuco,	Bahola.
Sinhetsi,	Sinhetsico,	Sinhetsi.
Gurutçatu,	Gurucatuco,	Gurutça.
Gurutceficatu,	Gurutceficatuco,	Gurutcefica.
Damnatu,	Damnatuco,	Damna.
Dançatu,	Dançatuco,	Dança.

TABLEAU.

	INFINITIF PRÉSENT.	INDICATIF PRÉSENT.
Décharger,	Descargatcea,	Descargatcen,
Déchirer,	Urratcea,	Urratcen,
Déclarer,	Declaratcea,	Declaratcen,
Défendre,	Debecatcea,	Debecatcen,
Défier,	Desafiatcea,	Desafiatcen,
Déjeûner,	Gosaltcea,	Gosaltcen,
Délibérer,	Deliberatcea,	Deliberatcen,
Dérober,	Ebastea,	Ebasten,
Descendre,	Yauztea,	Yausten,
Deshabiller,	Bilustea,	Biluzten,
Deshonorer,	Desohoratcea,	Desohoratcen,
Désirer,	Desiratcea,	Desiratcen,
Désobéir,	Desobeiicea,	Desobeitcen,
Desoler,	Desolatcea,	Desolatcen,
Détruire,	Destruitcea,	Destruitcen,
Dîner,	Bazcalcea,	Bazcalcen,
Dire,	Erratea,	Erraten,
Dispenser,	Dispensatcea,	Dispensatcen,
Dompter,	Heztea,	Hezten,
Donner,	Ematea,	Ematen,
Durer,	Irautea,	Irauten,
Écarter,	Urruntcea,	Urruntcen,
Éclairer,	Arguitcea,	Arguitcen,
Écorcher,	Larrutcea,	Larrutcen,
Écouter,	Entçutea,	Entçuten,
Écraser,	Lehertcea,	Lehertcen,
Écrire,	Izcribatcea,	Izcribatcen,

TABLEAU.

PARTICIPE PASSÉ.	FUTUR DE L'INDICATIF.	IMPÉRATIF RADICAL.
Descargatu,	Descargatuco,	Descarga.
Urratu,	Urratuco,	Urra.
Declaratu,	Declaratuco,	Declara.
Debecatu,	Debecatuco,	Debeca.
Desafiatu,	Desafiatuco,	Desafia.
Gosaldu,	Gosalduco,	Gosal.
Deliberatu,	Deliberatuco,	Delibera.
Ebatsi,	Ebatsico,	Ebats.
Yautsi,	Yautsico,	Yauts.
Biluci,	Bilucico,	Biluz.
Desohoratu,	Desohoratuco,	Desohora.
Desiratu,	Desiratuco,	Desira.
Desobeitu,	Desobeituco,	Desobei.
Desolatu,	Desolatuco,	Desola.
Destruitu,	Destruituco,	Destrui.
Bazcaldu,	Bazcalduco,	Bazcal.
Erran,	Erranen,	Erran.
Dispensatu,	Dispensatuco,	Dispensa.
Heci,	Hecico,	Hez.
Eman,	Emanen,	Eman.
Iraun,	Iraunen,	Iraun.
Urrun,	Urrunduco	Urrun.
Arguitu,	Arguituco,	Argui.
Larrutu,	Larrutuco,	Larru.
Entçun,	Entçunen,	Entçun.
Lehertu,	Lehertuco,	Leher.
Izcribatu,	Izcribatuco,	Izcriba.

TABLEAU.

	INFINITIF PRÉSENT.	INDICATIF PRÉSENT.
Égratigner,	Aztaparcatcea,	Aztaparcetcen,
Égrener,	Bihitcea,	Bihitcen,
Éloigner,	Hastancea,	Hastancen,
Embellir,	Edertcea,	Edertcen,
Embrasser,	Besarcatcea,	Besarcatcen,
Emmailloter,	Trochatcea,	Trochatcen,
Emmener,	Eramatea,	Eramaten,
Émousser,	Khamustea,	Khamusten,
Entendre,	Aditcea,	Aditcen,
Envoyer,	Egortcea,	Egortcen,
Être,	Içatea,	Içaten,
Faire,	Eguitea,	Eguiten,
Finir,	Akhabatcea,	Akhabatcen,
Haïr,	Higuintcea,	Higuintcen,
Mettre,	Eçarcea,	Eçarcen,
Moudre,	Ehotcea,	Ehotcen,
Mourir,	Hilcea,	Hilcen,
Naître,	Sortcea,	Sortcen,
Offrir,	Offritcea,	Offritcen,
Périr,	Peritcea,	Peritcen,
Porter,	Ekharcea,	Ekharcen,

TABLEAU.

PARTICIPE PASSÉ.	FUTUR DE L'INDICATIF.	IMPÉRATIF RADICAL.
Aztaparcatu,	Aztaparcatuco,	Aztaparca.
Bihitu,	Bihituco,	Bihi.
Hastandu,	Hastanduco,	Hastan.
Edertu,	Edertuco,	Eder.
Besarcatu,	Besarcatuco,	Beserca.
Trochatu,	Trochatuco,	Trocha.
Eraman,	Éramanen,	Eraman.
Khamustu,	Khamustuco,	Khamus.
Aditu,	Adituco,	Adi.
Egorri,	Egorrico,	Egor.
Içan,	Içanen,	Içan.
Eguin,	Eguinen,	Eguin.
Akhabatu,	Akhabatuco,	Akhaba.
Higuindu,	Higuinduco,	Higuin.
Eçarri,	Eçarrico,	Eçar.
Eho,	Ehoco,	Eho.
Hil,	Hilen,	Hil.
Sortu,	Sortuco,	Sor.
Offritu,	Offrituco,	Offri.
Peritu,	Perituco,	Peri.
Ekharri,	Ekharrico,	Ekhar.

TABLEAU.

	Infinitif présent.	Indicatif présent.
Recevoir,	Errecibitcea,	Errecibitcen,
Rompre,	Haustea,	Hausten,
S'accoutumer,	Ohitcea,	Ohitcen,
S'agenouiller,	Belhauncatcea,	Belhauncatcen,
S'asseoir,	Yarcea,	Yarcen,
Savoir,	Yakitea,	Yakiten,
Se réjouir,	Alegueratcea,	Alegueratcen,
Servir,	Cerbitçatcea,	Cerbitçatcen,
Se souvenir,	Orhoitcea,	Orhoitcen,
Sortir,	Atheratcea,	Atheratcen,
Tomber,	Erorcea,	Erorcen,
Traire,	Deiztea,	Deizten,
Trouver,	Aurkhitcea,	Aurkhitcen,
Vaincre,	Bençutcea,	Bençutcen,
Venir,	Ethorcea,	Ethorcen,
Vivre,	Bicitcea,	Bicitcen,
Voir,	Ikhustea,	Ikhusten,

TABLEAU.

PARTICIPE PASSÉ.	FUTUR DE L'INDICATIF.	IMPÉRATIF RADICAL.
Errecibitu,	Errecibituco,	Errecibi.
Hautsi,	Hautsico,	Hauts.
Ohitu,	Ohituco,	Ohi.
Belhauncatu,	Belhauncatuco,	Belhaunca.
Yarri,	Yarrico,	Yar.
Yak n,	Yakinen,	Yakin.
Alegueratu,	Alegueratuco,	Aleguera.
Cerbitçatu,	Cerbitçatuco,	Cerbitça.
Orhoitu,	Orhoituco,	Orhoit.
Atheratu,	Atheratuco,	Athera.
Erori,	Erorico,	Eror.
Deitzi,	Deitzico,	Deitz.
Aurkhitu,	Aurkhituco,	Aurkhi.
Bençutu,	Bençutuco,	Bençu.
Ethorri,	Ethorrico,	Ethor.
Bici,	Bicico,	Bici.
Ikhusi,	Ikhusico,	Ikhus.

REMARQUE IMPORTANTE

SUR L'INFINITIF BASQUE.

On peut envisager l'Infinitif Basque sous une seule forme dont la désinence est toujours en ea, *mais cet* a *qui le termine en doit être l'article, et dès-lors cet infinitif n'est qu'un substantif verbal déclinable. Pour que l'absence des diverses manières de rendre en basque les infinitifs ne se fasse pas sentir, et ne fasse pas une lacune, en voici la pluvart des formes qui pourront servir de modèles pour d'autres infinitifs.*

FORMES DU NOMBRE SINGULIER.

Cantatce,	*Chanter.*
Cantatcea,	*le Chanter.*
Cantatceac,	*le Chanter.*
Cantatcearen,	*du Chanter.*
Cantatceari,	*au Chanter.*
Cantatceaz,	*du Chanter.* *de Chanter.* *par le Chanter.*
Cantatceco,	*pour Chanter.*

Cantatcetic,	de Chant… / par Chanter. / par le Chanter.
Cantatcearekin,	*avec le Chanter.*
Cantatcez,	*de Chanter.*
Cantatcecotzat,	*pour Chanter.*
Cantatceric,	*de Chanter.*
Cantatcearençat,	*pour le Chanter.*
Cantatceraino,	*jusqu'à Chanter,*

FORMES DU NOMBRE PLURIEL.

Cantatceac;	*les Chanter.*
Cantatcec,	*les Chanter.*
Cantatcen,	*des Chanter.*
Cantatcez,	*des Chanter.* / *par les Chanter.*
Cantatcetaric,	*des ou par les Chanter.*
Cantatcençat,	*pour les Chanter.*
Cantatcetarat,	*aux* ou *vers les Chanter.*

FORMES INVARIABLES.

Cantatcean,	*Chantant.*
Cantatuz,	*en Chantant.*
Cantatcean (*position*),	*dans le Chanter.*
Cantatcera,	*à Chanter.*

AUTRES FORMES DU MÊME TEMPS SOUVENT EN USAGE EN BASQUE.

PRÉSENT.	PARTICIPE.		IMPARFAIT.
Nic cantatcen dudalalaric,	*moi*	*Chantant.*	Nic cantatcen nuclaric.
Hic cantatcen ducalaric (1),	*toi*		Hic cantatcen huelaric (2).
Harc cantatcen duelaric,	*lui* ou *elle*		Harc cantatcen çuelaric.
Guc cantatcen dugularic,	*nous*		Guc cantatcen guinuelaric.
Çuec cantatcen duçuelaric,	*vous*		Çuec cantatcen cinutelaric.
Hec cantatcen dutelaric,	*eux* ou *elles*		Hec cantatcen çutelaric.

FORMES COMPLÈTES DU PARTICIPE PASSÉ.

Singulier.

Cantatu,	*Chanté.*
Cantatua,	*le Chanté.*
Cantatuac,	*le Chanté.*
Cantatuaren,	*du Chanté.*
Cantatuari,	*au Chanté.*
Cantatuaz,	*du Chanté.* / *par le Chanté.*
Cantatutic,	*du Chanté.*
Cantatuarençat,	*pour le Chanté.*
Cantatura,	*au Chanté.*
Cantatuan (*position*),	*dans le Chanté.*

(1) On dit également : *çuc cantatcen duçularic*, (2e personne respectueuse du singulier quand on ne veut pas tutoyer).

(2) On dit de même : *çuc cantatcen cinuelaric (forme respectueuse).*

Pluriel.

Cantatuac,	*les Chantés.*
Cantatuec,	*les Chantés.*
Cantatuen,	*des Chantés.*
Cantatuei,	*aux Chantés.*
Cantatuez,	*des Chantés.* / *par les Chantés.*
Cantatuetaric,	*des Chantés.*
Cantatuençat;	*pour les Chantés.*

FORME INVARIABLE.

Cantaturic,	*ayant Chanté.*

AUTRES FORMES DU MÊME TEMPS SOUVENT EN USAGE EN BASQUE.

PASSÉ.	PARTICIPE.		PLUS-QUE-PARFAIT.
Nic cantatu dudalaric,	*moi*	*ayant Chanté.*	Nic cantatu nuelaric.
Hic cantatu ducalaric (1),	*toi*		Hic cantatu huelaric (2).
Harc cantatu duelaric,	*lui* ou *elle*		Harc cantatu çuelaric.
Guc cantatu dugularic,	*nous*		Guc cantatu guinuelaric.
Çuec cantatu duçuelaric,	*vous*		Çuec cantatu cinutelaric.
Hec cantatu dutelaric,	*eux* ou *elles*		Hec cantatu çutelaric.

(1) On dit aussi : *çuc cantatu duçularic (manière respectueuse).*

(2) On dit aussi : *çuc cantatu cinuelaric (parlant respectueusement).*

FUTUR DE L'INFINITIF PROPRE A LA LANGUE BASQUE.

Singulier.

Cantatcecoa, *celui* ou *celle qui doit être Chanté* ou *Chantée.*

Cantatcecoac, *celui* ou *celle qui doit être Chanté* ou *Chantée.*

Cantatcecoaren, *de celui* ou *celle qui doit être Chanté* ou *Chantée.*

Cantatcecoari, *à celui* ou *celle qui doit être Chanté* ou *Chantée.*

Cantatcecoaz, *de celui* ou *celle qui doit être Chanté* ou *Chantée.*

Cantatcecotic, *de celui* ou *celle qui doit être Chanté* ou *Chantée.*

Cantatcecorat, *à* ou *vers celui* ou *celle qui doit être Chanté* ou *Chantée.*

Cantatcecoan, *dans celui* ou *celle qui doit être Chanté* ou *Chantée.*

Cantatcecoarekin, *avec celui* ou *celle qui doit être Chanté* ou *Chantée.*

Cantatcecoarençat, *pour celui* ou *celle qui doit être Chanté* ou *Chantée.*

Cantatcecoraino, *jusqu'à celui* ou *celle qui doit être Chanté* ou *Chantée.*

Pluriel.

Cantatcecoac, *ceux* ou *celles qui doivent être Chantés* ou *Chantées.*

Cantatcecoec, *ceux* ou *celles qui doivent être Chantés* ou *Chantées.*

Cantatcecoen, *de ceux* ou *celles qui doivent être Chantés* ou *Chantées.*

Cantatcecoei, *à ceux* ou *celles qui doivent être Chantés* ou *Chantées.*

Cantatcecoez, *de ceux* ou *celles qui doivent être Chantés* ou *Chantées.*

Cantatcecoetaric, *de ceux* ou *celles qui doivent être Chantés* ou *Chantées.*

Cantatcecoetarat, *à* ou *vers ceux* ou *celles qui doivent être Chantés* ou *Chantées.*

Cantatcecoetan, *dans ceux* ou *celles qui doivent être Chantés* ou *Chantées.*

Cantatcecoekin, *avec ceux* ou *celles qui doivent être Chantés* ou *Chantées.*

Cantatcecoentçat, *pour ceux* ou *celles qui doivent être Chantés* ou *Chantées.*

Cantatcecoetaraino, *jusqu'à ceux* ou *celles qui doivent être Chantés* ou *Chantées.*

FORME INVARIABLE.

Cantatcecoric, *à Chanter.*

Un exemple le fera mieux sentir :

Ez dut cantacecoric, *je n'en ai pas à Chanter.*

****

CONJUGAISONS DES VERBES.

INFINITIF PRÉSENT (1).

Être, Içatea.

Passé.

Avoir été, Içana *ou* içanac ukhatea.

Présent.	Participe.		Imparfait.
Ni niçalaric,	*moi*	*Étant.*	Ni nincelaric.
Hi hiçalaric (2),	*toi*		Hi hincelaric (3).
Hura delaric,	*lui* ou *elle*		Hura celaric.
Gu garelaric,	*nous*		Gu guinelaric.
Çuec çaretelaric,	*vous*		Çuec cinetelaric.
Hec direlaric,	*eux* ou *elles*		Hec cirelaric.

Passé.	Participe.		Plus-que-parfait.
Ni içanic,	*moi*	*Ayant été.*	Ni içan nincelaric.
Hi içanic (4),	*toi*		Hi içan hincelaric (5).
Hura içanic,	*lui* ou *elle*		Hura içan celaric.
Gu içanic,	*nous*		Gu içan guinelaric.
Çuec içanic,	*vous*		Çuec içan cinetelaric.
Hec içanic,	*eux* ou *elles*		Hec içan cirelaric.

AUTRE FORME.

Eté, ayant été, Içana *ou* içanac *ou* içanic.

(1) *Voir* les différentes formes que prend en basque le présent de l'infinitif, page 64 et suivantes.

(2) On dit aussi: çu çalaric *(manière respectueuse)*.

(3) On dit également: çu içanic *(manière respect.)*

(4) On dit aussi: çu cinelaric *(manière respectueuse)*.

(5) On dit aussi: çu içan cinelaric *(forme respect)*.

INDICATIF PRÉSENT.

(Aujourd'hui),	(Egun).
Je suis,	Ni baniz (1).
Tu es,	Hi bahiz *ou* çu bacira.
Il est,	Hura bada.
Elle est,	Hura bada.
Nous sommes,	Gu baguira.
Vous êtes,	Çuec baçarete.
Ils sont,	Hec badira.
Elles sont,	Hec badira.

IMPARFAIT.

(Hier),	(Atço).
J'étais,	Ni banincen (2).
Tu étais,	Hi bahincen *ou* çu bacinen.
Il était,	Hura bacen.
Elle était,	Hura bacen.
Nous étions,	Gu baguinen.
Vous étiez,	Çuec bacineten.
Ils étaient,	Hec baciren.
Elles étaient,	Hec baciren.

PASSÉ DÉFINI.

(Hier),	(Atço).
Je fus,	Ni içan nincen.
Tu fus,	Hi içan hincen *ou* çu içan cinen.

(1) On dit aussi : *Niz, hiz, da, guira, carete, dira;* ou bien *içaten niz, içaten hiz, içaten da, içaten guira, içaten çarete, içaten dira.*

(1) On dit aussi : *Nincen, hincen, cen, guinen, cineten, ciren;* ou bien *içaten ninçen, içaten hincen, içaten cen, içaten guinen, içaten cineten, içaten ciren.*

Il fut,	Hura içan cen.
Elle fut,	Hura içan cen.
Nous fûmes,	Gu içan guinen.
Vous futes,	Çuec içan cineten.
Ils furent,	Hec içan ciren.
Elles furent,	Hec içan ciren.

PASSÉ INDÉFINI.

(Hier),	(Atço).
J'ai été,	Ni içan niz.
Tu as été,	Hi içan hiz *ou* çu içan cira.
Il a été,	Hura içan da.
Elle a été,	Hura içan da.
Nous avons été,	Gu içan guira.
Vous avez été,	Çuec içan carete.
Ils ont été,	Hec içan dira.
Elles ont été,	Hec içan dira.

PASSÉ ANTÉRIEUR.

J'eus été,	Ni içan niz.
Tu eus été,	Hi içan hiz *ou* çu içan cira.
Il eût été,	Hura içan da.
Elle eût été,	Hura içan da.
Nous eûmes été,	Gu içan guira.
Vous eûtes été,	Çuec içan carete.
Ils eurent été,	Hec içan dira.
Elles eurent été,	Hec içan dira.

PLUS-QUE-PARFAIT.

(Hier),	(Atço).
J'avais été,	Ni içan nincen.
Tu avais été,	Hi içan hincen *ou* çu içan cinen.
Il avait été,	Hura içan cen.
Elle avait été,	Hura içan cen.

Nous avions été,	Gu içan guinen.
Vous aviez été,	Çuec içan cineten.
Ils avaient été,	Hec içan ciren.
Elles avaient été,	Hec içan ciren.

FUTUR SIMPLE.

(Demain),	(Bihar).
Je serai,	Ni içanen niz.
Tu seras,	Hi içanen hiz *ou* çu içanen cira.
Il sera,	Hura içanen da.
Elle sera,	Hura içanen da.
Nous serons,	Gu içanen guira.
Vous serez,	Çuec içanen çarete.
Ils seront,	Hec içanen dira.
Elles seront,	Hec içanen dira.

FUTUR PASSÉ.

(Demain à midi),	(Bihar eguerditan).
J'aurai été,	Ni içana ukhanen niz.
Tu auras été,	Hi içana ukhanen hiz *ou* çu içana ukhanen cira.
Il aura été,	Hura içana ukhanen da.
Elle aura été,	Hura içana ukhanen da.
Nous aurons été,	Gu içanac ukhanen guira.
Vous aurez été,	Çuec içanac ukhanen çarete.
Ils auront été,	Hec içanac ukhanen dira.
Elles auront été,	Hec içanac ukhanen dira.

CONDITIONNEL PRÉSENT.

(Aujourd'hui),	(Egun).
Je serais,	Ni içan ninteke.
Tu serais,	Hi içan hinteke *ou* çu içan cinitezke.

Il serait,	Hura içan liteke.
Elle serait,	Hura içan liteke.
Nous serions,	Gu içan guinitezke.
Vous seriez,	Çuec içan cinitezkete.
Ils seraient,	Hec içan litezke.
Elles seraient,	Hec içan litezke.

PASSÉ.

(Hier),	(Atço).
J'aurais été,	Ni içana ukhanen nincen.
Tu aurais été,	Hi içana ukhanen hincen. *ou* çu içana ukhanen cinen.
Il aurait été,	Hura içana ukhanen cen.
Elle aurait été,	Hura içana ukhanen cen.
Nous aurions été,	Gu içanac ukhanen guinen.
Vous auriez été,	Çuec içanac ukhanen cineten.
Ils auraient été,	Hec içanac ukhanen ciren.
Elles auraient été,	Hec içanac ukhanen ciren.

ON DIT AUSSI :

(Hier),	(Atço).
J'eusse été,	Ni içanen nincen.
Tu eusses été,	Hi içanen hincen *ou* çu içanen cinen.
Il eût été,	Hura içanen cen.
Elle eût été,	Hura içanen cen.
Nous eussions été,	Gu içanen guinen.
Vous eussiez été,	Çuec içanen cineten.
Ils eussent été,	Hec içanen ciren.
Elles eussent été,	Hec içanen ciren.

IMPÉRATIF.

(Aujourd'hui),	(Egun).
Sois,	Içan hadi *ou* içan cite.

Qu'il soit,	Içan bedi.
Qu'elle soit,	Içan bedi.
Soyons,	Içan guiten.
Soyez,	Içan citezte.
Qu'ils soient,	Içan bite.
Qu'elles soient,	Içan bite

Subjonctif Présent.

(Il est nécessaire),	(Necesario da).
Que je sois,	Ni içan nadin.
Que tu sois,	Hi içan hadin *ou* çu içan citen.
Qu'il soit,	Hura içan dadin.
Qu'elle soit,	Hura içan dadin.
Que nous soyons,	Gu içan guiten.
Que vous soyez,	Çuec içan citezten.
Qu'ils soient,	Hec içan diten.
Qu'elles soient,	Hec içan diten.

Imparfait.

(Il était nécessaire),	(Necesariocen),
Que je fusse,	Ni içan nindadin.
Que tu fusses,	Hi içan hindadin *ou* çu içan ciniten.
Qu'il fût,	Hura içan çadin.
Qu'elle fût,	Hura içan çadin.
Que nous fussions	Gu içan guiniten.
Que vous fussiez,	Çuec içan cinitezten.
Qu'ils fussent,	Hec içan citen.
Qu'elles fussent,	Hec içan citen.

Passé.

(Il est possible),	(Posible da).
Que j'aie été,	Ni içan nitekeyen.
Que tu aies été,	Hi içan hiteken *ou* çu içan citezkeyen

Qu'il ait été,	Hura içan ditekeyen.
Qu'elle ait été,	Hura içan ditekeyen.
Que nous ayons été,	Gu içan guitezkeyen.
Que vous ayez été,	Çuec içan citezketen.
Qu'ils aient été,	Hec içan ditezkeyen.
Qu'elles aient été,	Hec içan ditezkeyen.

PLUS-QUE-PARFAIT.

(Il était possible),	(Posible cen).
Que j'eusse été,	Ni içan nintekeyen.
Que tu eusses été,	Hi içan hintekeyen *ou* çu içan cinitezkeyen.
Qu'il eût été,	Hura içan citekeyen.
Qu'elle eût été,	Hura içan citekeyen.
Que nous eussions été,	Gu içan guinitezkeyen.
Que vous eussiez été,	Çuec içan cinitezketen.
Qu'ils eussent été,	Hec içan citezkeyen.
Qu'elles eussent été,	Hec içan citezkeyen.

INFINITIF PRÉSENT.

Avoir, Ukhatea.

PASSÉ.

Avoir eu, Ukhana *ou* ukhanac içatea.

PRÉSENT.	PARTICIPE.		IMPARFAIT.
Nic dudalaric,	*moi*	*Étant.*	Nic nuelaric.
Hic ducalaric (1),	*toi*		Hic huelaric (2).
Harc duelaric,	*lui* ou *elle*		Harc çuelaric.
Guc dugularic,	*nous*		Guc guinuelaric.
Çuec duçuelaric,	*vous*		Çuec cinutelaric.
Hec dutelaric,	*eux* ou *elles*		Hec çutelaric.

PASSÉ.	PARTICIPE.		PLUS-QUE-PARFAIT.
Nic ukhanic,	*moi*	*Ayant eu.*	Nic ukhan nuelaric.
Hic ukhanic,	*toi*		Hic ukhan huelaric (4).
Harc ukhanic (3),	*lui* ou *elle*		Harc ukhan çuelaric.
Guc ukhanic,	*nous*		Guc ukhan guinuelaric.
Çuec ukhanic,	*vous*		Çuec ukhan cinutelaric.
Hec ukhanic,	*eux* ou *elles*		Hec ukhan çutelaric.

AUTRE FORME.

Eu, eue, ayant eu, Ukhana, *ou* ukhanac *ou* ukhanic.

(1) On dit aussi: çuc duçularic *(forme respectueuse)*. (2) On dit aussi: çuc cinuelaric. (3) On dit aussi : çuc ukhanic. (4) On dit aussi : çuc ukhan cinuelaric.

INDICATIF PRÉSENT.

(Aujourd'hui),	(Egun).
J'ai,	Nic badut (1).
Tu as,	Hic baduc *ou* çuc baduçu.
Il a,	Harc badu.
Elle a,	Harc badu.
Nous avons,	Guc badugu.
Vous avez,	Çuec baduçue.
Ils ont,	Hec badute.
Elles ont,	Hec badute.

IMPARFAIT.

(Hier),	(Atço).
J'avais,	Nic banuen (2).
Tu avais,	Hic bahuen *ou* çuc bacinuen
Il avait,	Harc baçuen.
Elle avait,	Harc baçuen.
Nous avions,	Guc baguinuen.
Vous aviez,	Çuec bacinuten.
Ils avaient,	Hec baçuten.
Elles avaient,	Hec baçuten.

(1) On dit aussi : *Dut, duc, du, dugu, duçue, dute;* ou bien *içaiten dut, içaiten dut, içaiten du, içaiten dugu, içaiten duçue, içaiten dute.*

(2) On dit aussi : *ukhaiten nuen, ukhaiten huen, ukhaiten çuen, ukhaiten guinuen, ukhaiten cinuten, ukhaiten çuten;* ou bien *nuen, huen, çuen, guinuen, cinuten, çuten.*

Passé Défini.

(Hier),	(Atço).
J'eus,	Nic ukhan nuen.
Tu eus,	Hic ukhan huen *ou* çuc ukhan cinuen.
Il eut,	Harc ukhan çuen.
Elle eut,	Harc ukhan çuen.
Nous eûmes,	Guc ukhan guinuen.
Vous eûtes,	Çuec ukhan cinuten.
Ils eurent,	Hec ukhan çuten.
Elles eurent,	Hec ukhan çuten.

Passé Indéfini.

(Hier),	(Atço).
J'ai eu,	Nic ukhan dut.
Tu as eu,	Hic ukhan duc *ou* çuc ukhan duçu.
Il a eu,	Harc ukhan du.
Elle a eu,	Harc ukhan du.
Nous avons eu,	Guc ukhan dugu.
Vous avez eu,	Çuec ukhan duçue.
Ils ont eu,	Hec ukhan dute.
Elles ont eu,	Hec ukhan dute.

Passé Antérieur.

(Hier),	(Atço).
J'eus eu,	Nic ukhan dut.
Tu eus eu,	Hic ukhan duc *ou* çuc ukhan duçu.
Il eut eu,	Harc ukhan du.
Elle eut eu,	Harc ukhan du.
Nous eûmes eu,	Guc ukhan dugu.
Vous eûtes eu,	Çuec ukhan duçue.

Ils eurent eu,	Hec ukhan dute.
Elles eurent eu,	Hec ukhan dute.

PLUS-QUE-PARFAIT.

(Hier),	(Atço).
J'avais eu,	Nic ukhan nuen.
Tu avais eu,	Hic ukhan huen *ou* çuc ukhan cinuen.
Il avait eu,	Harc ukhan çuen.
Elle avait eu,	Harc ukhan çuen.
Nous avions eu,	Guc ukhan guinuen.
Vous aviez eu,	Çuec ukhan cinuten,
Ils avaient eu,	Hec ukhan çuten.
Elles avaient eu,	Hec ukhan çuten.

FUTUR.

(Demain),	(Bihar).
J'aurai,	Nic ukhanen dut.
Tu auras,	Hic ukhanen duc *ou* çuc ukhanen duçu.
Il aura,	Harc ukhanen du.
Elle aura,	Harc ukhanen du.
Nous aurons,	Guc ukhanen dugu.
Vous aurez,	Çuec ukhanen duçue.
Ils auront,	Hec ukhanen dute.
Elles auront,	Hec ukhanen dute.

FUTUR PASSÉ.

(Demain à midi),	(Bihar eguerditan).
J'aurai eu,	Nic ukhana içanen dut.
Tu auras eu,	Hic nkhana içanen duc *ou* çuc ukhana içanen duçu.
Il aura eu,	Harc ukhana içanen du.
Elle aura eu,	Harc ukhana içanen du.

Nous aurons eu,	Guc ukhana içanen dugu.
Vous aurez eu,	Çuec ukhana içanen duçue.
Ils auront eu,	Hec ukhana içanen dute.
Elles auront eu,	Hec ukhana içanen dute.

CONDITIONNEL.

(Aujourd'hui),	(Egun.)
J'aurais,	Nic ukhan neçake.
Tu aurais,	Hic ukhan heçake *ou* çuc ukhan cineçake.
Il aurait,	Harc ukhan leçake.
Elle aurait,	Harc ukhan leçake.
Nous aurions,	Guc ukhan guineçake.
Vous auriez,	Çuec ukhan cineçakete.
Ils auraient,	Hec ukhan leçakete.
Elles auraient,	Hec ukhan leçakete.

PASSÉ.

(Hier),	(Atço).
J'aurais eu,	Nic ukhana içanen nuen.
Tu aurais eu,	Hic ukhana içanen huen. *ou* çuc ukhana içanen cinuen.
Il aurait eu,	Harc ukhana içanen çuen.
Elle aurait eu,	Harc ukhana içanen çuen.
Nous aurions eu,	Guc ukhana içanen guinuen.
Vous auriez eu,	Çuec ukhana içanen cinuten.
Ils auraient eu,	Hec ukhana içanen çuten.
Elles auraient eu,	Hec ukhana içanen çuten.

ON DIT AUSSI :

J'eusse eu,	Nic ukhanen nuen.

Tu eusses eu,	Hic ukhanen huen *ou* çuc ukhanen cinuen.
Il eût eu,	Harc ukhanen çuen.
Elle eût eu,	Harc ukhanen çuen.
Nous eussions eu,	Guc ukhanen guinuen.
Vous eussiez eu,	Çuec ukhanen cinuten.
Ils eussent eu,	Hec ukhanen çuten.
Elles eussent eu,	Hec ukhanen çuten.

IMPÉRATIF.

(Aujourd'hui),	(Egun).
Aie,	Ukhan çac *ou* ukhan çaçu.
Qu'il ait,	Ukhan beça.
Qu'elle ait,	Ukhan beça.
Ayons,	Ukhan deçagun.
Ayez,	Ukhan çaçue.
Qu'ils aient,	Ukhan beçate.
Qu'elles aient,	Ukhan beçate.

SUBJONCTIF PRÉSENT.

(Il est nécessaire),	(Necesario da).
Que j'aie,	Nic ukhan deçadan.
Que tu aies,	Hic ukhan deçacan *ou* çuc ukhan deçaçun.
Qu'il ait,	Harc ukhan deçan.
Qu'elle ait,	Harc ukhan deçan.
Que nous ayons,	Guc ukhan deçagun.
Que vous ayez,	Çuec ukhan deçaçuen.
Qu'ils aient,	Hec ukhan deçaten.
Qu'elles aient,	Hec ukhan deçaten.

IMPARFAIT.

(Il était nécessaire),	(Necesario cen).

Que j'eusse,	Nic ukhan neçan.
Que tu eusses,	Hic ukhan beçan *ou* çuc ukhan cineçan.
Qu'il eût,	Harc ukkan ceçan.
Qu'elle eût,	Harc ukhan ceçan.
Que nous eussions,	Guc ukhan guineçan.
Que vous eussiez,	Çuec ukhan cineçaten.
Qu'ils eussent,	Hec ukhan ceçaten.
Qu'elles eussent,	Hec ukhan ceçaten.

PASSÉ.

(Il est possible),	(Posible da).
Que j'aie eu,	Nic ukhan dukedan.
Que tu aies eu,	Hic ukhan dukeyan *ou* çuc ukhan dukeçun.
Qu'il ait eu,	Harc ukhan dukeyen.
Qu'elle ait eu.	Harc ukhan dukeyen.
Que nous ayons eu,	Guc ukhan dukegun.
Que vous ayez eu,	Çuec ukhan dukeçuen.
Qu'ils aient eu,	Hec ukhan duketen.
Qu'elles aient eu,	Hec ukhan duketen.

PLUS-QUE-PARFAIT.

(Il était possible),	(Posible cen).
Que j'eusse eu,	Nic ukhan nukeyen,
Que tu eusses eu,	Hic ukhan hukeyen *ou* çuc ukhan cinukezen.
Qu'il eut eu,	Harc ukhan cukeyen.
Qu'elle eut eu,	Harc ukhan çukeyen.
Que nous eussions eu,	Guc ukhan guinukeyen.
Que vous eussiez eu,	Çuec ukhan cinuketen.
Qu'ils eussent eu.	Hec ukhan çuketen.
Qu'elles eussent eu,	Hec ukhan çuketen.

INFINITIF PRÉSENT.

Chanter,	Cantatcea (1).

Passé.

Avoir Chanté,	Cantatua *ou* Cantatüac ukhaitea.

Participe Présent.

Chantant,	Cantatcean.

Participe Passé.

Chanté, Chantée, ayant Chanté,	Cantatua *ou* Cantaturic.

INDICATIF PRÉSENT.

Je Chante,	Nic Cantacen dut.
Tu Chantes,	Hic Cantacen duc *ou* çu Cantatcen duçu.
Il Chante,	Harc Cantacen du.
Elle Chante,	Harc Cantacen du.
Nous Chantons,	Guc Cantacen dugu.
Vous Chantez,	Çuec Cantacen duçue.
Ils Chantent,	Hec Cantacen dute.
Elles Chantent,	Hec Cantacen dute.

Imparfait.

Je Chantais,	Nic Cantatcen nuen.
Tu Chantais,	Hic Cantatcen huen, *ou* çu Cantatcen cinuen.
Il Chantait,	Harc Cantatcen çuen.
Elle Chantait,	Guc Cantatcen guinuen.

(1) *Voir* la Conjugaison modèle basque de l'Infinitif, page 64 et suiv.

Nous Chantions,	Guc Cantatcen guinuen.
Vous Chantiez,	Çuec Cantatcen cinuten.
Ils Chantaient,	Hec Cantatcen çuten.
Elles Chantaient,	Hec Cantatcen çuten.

PASSÉ DÉFINI.

Je Chantai,	Nic Cantatu nuen.
Tu Chantas,	Hic Cantatu huen *ou* çuc Cantatu cinuen.
Elle Chanta,	Hac Cantatu çuen.
Nous Chantames,	Guc Cantatu guinuen.
Vous Chantâtes,	Çuec Cantatu cinuten.
Ils Chantèrent,	Hec Cantatu çuten.
Elles Chantèrent,	Hec Cantatu çuten.

PASSÉ INDÉFINI.

J'ai Chanté,	Nic Cantatu dut.
Tu as Chanté,	Hic Cantatu duc *ou* çuc Cantatu duçu.
Il a Chanté,	Harc Cantatu du.
Elle a Chanté,	Harc Cantatu du.
Nous avons Chanté,	Guc Cantatu dugu.
Vous avez Chanté,	Çuec Cantatu duçue.
Ils ont Chanté,	Hec Cantatu dute.
Elles ont Chanté,	Hec Cantatu dute.

PASSÉ ANTÉRIEUR.

J'eus Chanté,	Nic Cantatu dut.
Tu eus Chanté,	Hic Cantatu duc *ou* çuc Cantatu duçu.
Il eut Chanté,	Harc Cantatu du.
Elle eut Chanté,	Harc Cantatu du.
Nous eûmes Chanté,	Guc Cantatu dugu.

Vous eûtes Chanté,	Çuec Cantatu duçue.
Ils eurent Chanté,	Hec Cantatu dute.
Elles eurent Chanté,	Hec Cantatu dute.

PLUS-QUE-PARFAIT.

J'avais Chanté,	Nic Cantatu nuen.
Tu avais Chanté,	Hic Cantatu huen *ou* çuc Cantatu cinuen.
Il avait chanté,	Harc Cantatu çuen.
Elle avait Chanté,	Harc Cantatu çuen.
Nous avions Chanté,	Guc Cantatu guinuen.
Vous aviez Chanté,	Çuec Cantatu cinuten.
Ils avaient Chanté,	Hec Cantatu çuten.
Elles avaient Chanté,	Hec cantatu çuten.

FUTUR SIMPLE.

Je Chanterai,	Nic Cantatuco dut.
Tu Chantera,	Hic Cantatuco duc *ou* çuc Cantatuco duçu.
Il Chantera,	Harc Cantatuco du.
Elle Chantera,	Harc Cantatuco du.
Nous Chanterons,	Guc Cantatuco dugu.
Vous Chanterez,	Çuec Cantatuco duçue.
Ils Chanteront,	Hec Cantatuco dute.
Elles Chanteront,	Hec Cantatuco dute.

FUTUR PASSÉ.

J'aurai Chanté,	Nic Cantatua ukhanen dut.
Tu auras Chanté,	Hic Cantatua ukhanen duc *ou* çuc Cantatua ukhanen duçu.
Il aura Chanté,	Harc cantatua ukhanen du.
Elle aura Chantée,	Harc Cantatua ukhauen du

Nous aurons Chanté,	Guc Cantatua ukhanen dugu.
Vous aurez Chanté,	Çuec Cantatua ukhanen duçue.
Ils auront Chanté,	Hec Cantatua ukhanen dute.
Elles auront Chanté,	Hec Cantatua ukhanen dute.

CONDITIONNEL.

Je Chanterai,	Nic Canta neçake.
Tu Chanterais,	Hic Canta heçake *ou* çuc Canta cineçake.
Il Chanterait,	Harc Canta leçake.
Elle Chanterait,	Harc Canta leçake.
Nous Chanterions,	Guc Canta guineçake.
Vous Chanteriez,	Çuec Canta cineçakete.
Elles Chanteraient,	Hec Canta leçakete.
Ils Chanteraient,	Hec Canta leçakete.

PASSÉ.

J'aurais Chanté,	Nic Cantatua ukhanen nuen.
Tu aurais Chanté,	Hic Cantatua ukhanen huen *ou* çuc Cantatua ukhanen cinuen.
Il aurait Chanté,	Harc cantatua ukhanen çuen.
Elle aurait Chanté,	Harc Cantatua ukhanen çuen.
Nous aurions Chanté,	Guc Cantatua ukhanen guinuen.
Vous auriez Chanté,	Çuec Cantatua ukhanen cinuten.

Ils auraient Chanté,	Hec Cantatua ukhanen çuten.
Elles auraient Chanté,	Hec Cantatua ukhanen çuten.

On dit aussi :

J'eusse Chanté,	Nic Cantatuco nuen.
Tu eusses Chanté,	Hic Cantatuco huen *on* çuc Cantatuco cinuen.
Il eut Chanté,	Harc Cantatuco çuen.
Elle eut Chanté,	Harc Cantatuco çuen.
Nous eussions Chanté,	Guc Cantatuco guinuen.
Vous eussiez Chanté,	Çuec Cantatuco cinuten.
Ils eussent Chanté,	Hec Cantatuco çuten.
Elles eussent Chanté,	Hec Cantatuco çuten.

Impératif.

Chante,	Canta çac *ou* Canta çaçu.
Qu'il Chante,	Canta beça.
Qu'elle Chante,	Canta deçagun.
Chantons,	Canta çaçue.
Chantez,	Canta beçate.
Qu'elles Chantent,	Canta beçate.

Subjonctif Présent.

Que je Chante,	Nic Canta deçadan.
Que tu Chante,	Hic Canta deçakan *ou* çuc Canta deçaçun.
Qu'il Chante,	Harc Canta deçan.
Qu'elle Chante,	Harc Canta deçan.
Que nous Chantions,	Guc Canta deçagun.
Que vous Chantiez,	Çuec Canta deçaçuen.
Qu'ils Chantent,	Hec Canta deçaten.
Qu'elles Chantent,	Hec Canta deçaten.

IMPARFAIT.

Que je Chantasse,	Nic Canta neçan.
Que tu Chantasse,	Hic Canta heçan *ou* çuc Canta cineçan.
Qu'il Chantat,	Harc Canta ceçan.
Qu'elle Chantât,	Harc Canta ceçan.
Que nous Chantassions,	Guc Canta guineçan.
Que vous Chantassiez,	Çuec Canta cineçaten.
Qu'ils Chantassent,	Hec Canta ceçaten.
Qu'elles Chantassent,	Hec Canta ceçaten.

PRÉTÉRIT.

Que j'aie Chanté,	Nic Cantatu dukedan.
Que tu aies Chanté,	Hic Cantatu dukeyan *ou* çuc Cantatu dukeçun.
Qu'il ait Chanté,	Harc Cantatu dukeyen.
Qu'elle ait Chanté,	Harc Cantatu dukeyen.
Que nous ayons Chanté,	Guc Cantatu dukegun.
Que vous ayez Chanté,	Çuec Cantatu dukeçuen.
Qu'ils aient Chanté,	Hec Cantatu duketen.
Qu'elles aient Chanté,	Hec Cantatu duketen.

PLUS-QUE-PARFAIT.

Que j'eusse Chanté,	Nic Cantatu nukeyen.
Que tu eusses Chanté,	Hic Cantatu hukeyen *ou* çuc Cantatu cinukeyen.
Qu'il eût Chanté,	Harc Cantatu çukeyen.
Qu'elle eût Chanté,	Harc Cantatu çukeyen.
Que nous eussions Chanté,	Guc Cantatu guinukeyen.
Que vous eussiez Chanté,	Çuec Cantatu cinuketen.

Qu'ils eussent Chanté,	Hec Cantatu çuketen.
Qu'elles eussent Chanté,	Hec Cantatu çuketen.

Ainsi se conjuguent: ***Aimer,*** Maithatcea; ***Frapper,*** Yotcea; ***Porter,*** Ekhartcea; ***Tourner,*** Itçutcea; ***Masquer,*** Mascatcea; ***Estimer,*** Estimatcea; ***Jouer,*** Jocatcea; ***Honorer,*** Ohoratcea; ***Nommer,*** Icendatcea; ***Louer,*** Laudatcea, etc.

INFINITIF PRÉSENT

Finir,	Akhabatçea (1).

Passé.

Avoir Fini,	Akhabatua *ou* Akhabatuac Ukhatea.

Participe Présent.

Finissant,	Akhabatcean.

Participe Passé.

Fini, Finie, ayant Fini,	Akhabatua *ou* Akhabaturic.

INDICATIF PRÉSENT.

Je Finis,	Nic Akhabatcen dut.
Tu Finis,	Hic Akhabatcen duc *ou* çuc Akhabatcen duçu.
Il Finit,	Harc Akhabatcen du.
Elle Finit,	Harc Akhabatcen du.
Nous Finissons,	Guc Akhabatcen dugu.
Vous Finissez,	Çuec Akhabatcen duçue.
Ils Finissent,	Hec Akhabatcen dutè.
Elles Finissent,	Hec Akhabatcen dute.

Imparfait.

Je Finissais,	Nic Akhabatcen nuen.
Tu Finissais,	Hic Akhabatcen nuen *ou* çuc Akhabatcen cinuen.

(1) *Voir* la Conjugaison complète de l'infinitif Basque, page 64 et suivantes.

Il Finissait.	Harc Akhabatcen çuen.
Elle Finissait,	Harc Akhabatcen çuen.
Nous Finissions,	Guc Akhabatcen guinuen.
Vous Finissiez,	Çuec Akhabatcen cinuten.
Ils Finissaient,	Hec Akhabatcen çuten.
Elles Finissaient,	Hec Akhabatcen çuten.

PASSÉ DÉFINI.

Je Finis,	Nic Akhabatu nuen.
Tu Finis,	Hic Akhabatu huen *ou* çuc Akhabatu cinuen.
Il Finit,	Harc Akhabatu çuen.
Elle Finit,	Harc Akhabatu çuen.
Nous Finîmes,	Guc Akhabatu guinuen.
Vous Finîtes,	Çuec Akhabatu cinuten.
Ils Finirent,	Hec Akhabatu çuten.
Elles Finirent,	Hec Akhabatu çuten.

PASSÉ INDÉFINI.

J'ai Fini,	Nic Akhabatu dut.
Tu as Fini,	Hic Akhabatu duc *ou* çuc Akhabatu duçu.
Il a Fini,	Harc Akhabatu du.
Elle a Fini,	Harc Akhabatu du.
Nous avons Fini,	Guc Akhabatu dugu.
Vous avez Fini,	Çuec Akhabatu duçue.
Ils ont Fini,	Hec Akhabatu dute.
Elles ont Fini,	Hec Akhabatu dute.

PASSÉ ANTÉRIEUR.

J'eus Fini,	Nic Finitu dut.
Tu eus Fini,	Hic Akhabatu duc, *ou* çuc Akhabatu duçu.
Il eut Fini,	Harc Akhabatu du.

Elle eut Fini,	Harc Akhabatu du.
Nous eûmes Fini,	Guc Akhabatu dugu.
Vous eûtes Fini,	Çuec Akhabatu duçue.
Ils eurent Fini,	Hec Akhabatu dute.
Elles eurent Fini,	Hec Akhabatu dute.

PLUS-QUE-PARFAIT.

J'avais Fini,	Nic Akhabatu nuen.
Tu avais Fini,	Hic Akhabatu huen *ou* çuc Akhabatu cinuen.
Il avait Fini,	Harc Akhabatu çuen.
Elle avait Fini,	Harc Akkabatu çuen.
Nous avions Fini,	Guc Akhabatu guinuen.
Vous aviez Fini,	Çuec Akhabatu cinuten.
Ils avaient Fini,	Hec Akhabatu çuten.
Elles avaient Fini,	Hec Akhabatu çnten.

FUTUR SIMPLE.

Je Finirai,	Nic Akhabatuco dut.
Tu Finira,	Hic Akhabatuco duc *ou* çuc Akhabatuco duçu.
Il Finira,	Harc Akhabatuco du.
Elle Finira,	Harc Akhabatuco du.
Nous Finirons,	Guc Akhabatuco dugu.
Vous Finirez,	Çuec Akhabatuco duçue.
Ils Finiront,	Hec Akhabatuco dute.
Elles Finiront,	Hec Akhabatuco dute.

FUTUR PASSÉ.

J'aurai Fini,	Nic Akhabatua ukhanen dut.
Tu aura Fini,	Hic Akhabatua ukhanen duc, *ou* çuc Akhabatua ukhanen duçu.

*****

Il aura Fini,	Harc Akhabatua ukhanen du.
Elle aura Fini,	Harc Akhabatua ukhanen du.
Nous aurons Fini,	Guc Akhabatua ukhanen dugu.
Vous aurez Fini,	Çueċ Akhabatua ukhanen duçue.
Ils auront Fini,	Hec Akhabatua ukhanen dute.
Elles auront Fini,	Hec Akhabatua ukhanen dute.

Conditionnel Présent.

Je Finirais,	Nic Akhaba neçake.
Tu Finirais,	Hic Akhaba heçake *ou* çuc Akhaba cineçake.
Il Finirait,	Harc akhaba leçake.
Elle Finirait,	Harc Akhaba leçake.
Nous Finirions,	Guc akhaba guineçake.
Vous Finiriez,	Çuec Akhaba cineçakete.
Ils Finiraient,	Hec Akhaba leçakete.
Elles Finiraient,	Hec Akhaba leçakete.

Passé.

J'aurais Fini,	Nic Akhabatua ukhanen nuen.
Tu aurais Fini,	Hic Akhabatua ukhanen huen *ou* çuc Akhabatua ukhanen cinuen.
Il aurait Fini,	Harc Akhabatua ukhanen çuen.
Elle aurait Fini,	Harc Akhabatua ukhanen çuen.

Nous aurions Fini,	Guc Akhabatua ukhanen guinuen.
Vous auriez Fini,	Çuec Akhabatua ukhanen cinuten.
Ils auraient Fini,	Hec Akhabatua ukhanen çuten.
Elles auraient Fini,	Hec Akhabatua ukhanen çuten.

On dit aussi :

J'eusse Fini,	Nic Akhabatuco nuen.
Tu eusses Fini,	Hic Accabatuco huen, *ou* çuc akhabatuco cinuen.
Il eût Fini,	Harc Akhabatuco çuen.
Elle eût Fini,	Harc Akhabatuco çuen.
Nous eussions Fini,	Guc Akhabatuco guinuen.
Vous eussiez Fini,	Çuec Akhabatuco cinuten.
Ils eussent Fini,	Hec Akhabatuco çuten.
Elles eussent Fini,	Hec Akhabatuco çuten.

Impératif.

Finis,	Akhaba çac *ou* Akhaba çaçu.
Qu'il Finisse,	Akhaba beça.
Qu'elle Finisse,	Akhaba beça.
Finissons,	Akhaba deçagun.
Finissez,	Akhaba çaçue.
Qu'ils Finissent,	Akhaba beçate.

Subjonctif Présent.

Que je Finisse,	Nic Akhaba deçadan.
Que tu Finisses,	Hic Akhaba deçakan *ou* çuc Akhaba deçaçun.
Qu'il Finisse,	Harc Akhaba deçan.
Qu'elle Finisse,	Harc Akhaba deçan.
Que nous Finissions,	Guc Akhaba deçagun.

Que vous Finissiez,	Çuec Akhaba deçaçuen.
Qu'ils Finissent,	Hec Akhaba deçaten.
Qu'elles Finissent,	Hec Akhaba deçaten.

IMPARFAIT.

Que je Finisse,	Nic Akhaba neçan.
Que tu Finisse,	Hic Akhaba heçan *ou* çuc Akhaba cineçan.
Qu'il Finit,	Harc Akhaba ceçan.
Qu'elle Finit,	Harc Akhaba çeçan.
Que nous Finissions,	Guc Akhaba guineçan.
Que vous Finissiez,	Çuec Akhaba cineçaten.
Qu'ils Finissent,	Hec Akhaba ceçaten.
Qu'elles Finissent,	Hec Akhaba ceçaten.

PASSÉ.

Que j'aie Fini,	Nic Akhabatu dukedan.
Que tu aies Fini,	Hic Akhabatu dukeyan *ou* çuc akhabatu dukeçun.
Qu'il ait Fini,	Harc Akhabatu dukeyen.
Qu'elle ait Fini,	Harc Akhabatu dukeyen.
Que nous ayons Fini,	Guc Akhabatu dukegun.
Que vous ayez Fini,	Çuec Akhabatu dukeçuen.
Qu'ils aient Fini,	Hec Akhabatu duketen.
Qu'elles aient Fini,	Hec Akhabatu duketen.

PLUS-QUE-PARFAIT.

Que j'eusse Fini,	Nic Akhabatu nukeyen.
Que tu eusses Fini,	Hic Akhabatu lukeyen *ou* çucAkhabatu cinukeyen.
Qui'l eût Fini,	Harc Akhabatu çukeyen.
Qu'elle eût Fini,	Harc Akhabatu çukeyen.

Que nous eussions Fini,	**GucAkhabatu guinukeyen.**
Que vous eussiez Fini,	**Çuec Akhabatu cinuketen.**
Qu'ils eussent Fini,	**Hec Akhabatu çuketen.**
Qu'elles eussent Fini,	**Hec Akhabatu çuketen.**

On conjugue de même : *Avertir,* Abertitcea ; *Guérir,* Sendatcea ; *Punir,* Punitcea ; *Blanchir,* Churitcea ; *Noircir,* Belçatcea ; *Fournir,* Fornitcea ; *Remplir,* Belhetçea, etc., etc.

INFINITIF PRÉSENT.

Recevoir,	Errecibitcea (1).

PASSÉ.

Avoir Reçu,	Errecibitua *ou* Errecibituac ukhatea.

PARTICIPE PRÉSENT.

Recevant,	Errecibitcean.

PASSÉ.

Reçu, Reçue, ayant Reçu,	Errecibitua *ou* Errecibituric.

INDICATIF PRÉSENT.

Je Reçois,	Nic Errecibitcen dut.
Tu Reçois,	Hic Errecibitcen duc *ou* çuc Errecibitcen duçu.
Il Reçoit,	Harc Errecibitcen du.
Elle Reçoit.	Harc Errecibitcen du.
Nous Recevons,	Guc Errecibitcen dugu.
Vous Recevez,	Çuec Errecibitcen duçue.
Ils Reçoivent,	Hec Errecibitcen dute.
Elles Reçoivent,	Hec Errecibitcen dute.

IMPARFAIT.

Je Recevais,	Nic Errecibitcen nuen.
Tu Recevais,	Hic Errecibitcen huen *ou* çuc Errecibitcen cinuen.

(1) *Voir* l'Infinitif Basque tout conjugué, page 64 et suivantes.

Il Recevait,	Harc Errecibitcen çuen.
Elle Recevait,	Harc Errecibitcen çuen.
Nous Recevions,	Guc Errecibitcen guinuen.
Vous Receviez,	Çuec Errecibitcen cinuten.
Ils Recevaient,	Hec Errecibitcen çuten.
Elles Recevaient,	Hec Errecibitcen çuten.

PASSÉ DÉFINI.

Je reçus,	Nic Errecibitu nuen.
Tu Reçus,	Hic Errecibitu huen *ou* çuc Errecibitu cinuen.
Il Reçut,	Harc Errecibitu çuen.
Elle Reçut,	Harc Errecibitu çuen.
Nous Reçûmes,	Guc Errecibitu guinuen.
Vous Reçûtes,	Çuec Errecibitu cinuten.
Ils Reçurent,,	Hec Errecibitu çuten.
Elles Reçurent,	Hec Errecibitu çuten.

PASSÉ INDÉFINI.

J'ai Reçu,	Nic Errecibitu dut.
Tu as Reçu,	Hic Errecibitu duc *ou* çuc Errecibitu duçu.
Il a Reçu,	Harc Errecibitu du.
Elle a Reçu,	Harc Errecibitu du.
Nous avons Reçu,	Guc Errecibitu dugu.
Vous avez Reçu,	Çuec Errecibitu duçue.
Ils ont Reçu,	Hec Errecibitu dute.
Elles ont Reçu,	Hec Errecibitu dute.

PASSÉ ANTÉRIEUR.

J'eus Reçu,	Nic Errecibitu dut.
Tu eus Reçu,	Hic Errecibitu duc *ou* çuc Errecibitu duçu.

Il eut Reçu,	Harc Errecibitu du.
Elle eut Reçu,	Harc Errecibitu du.
Nous eûmes Reçu,	Guc Errecibitu dugu.
Vous eûtes Reçu,	Çuec Errecibitu duçue.
Ils eurent Reçu,	Hec Errecibitu dute.
Elles eurent Reçu,	Hec Errecibitu dute.

PLUS-QUE-PARFAIT.

J'avais Reçu,	Nic Errecibitu nuen.
Tu avais Reçu,	Hic Errecibitu huen *ou* çuc Errecibitu cinuen.
Il avait Reçu,	Harc Errecibitu çuen.
Elle avait reçu,	Harc Errecibitu çuen.
Nous avions reçu,	Guc Errecibitu guinuen.
Vous aviez Reçu,	Çuec Errecibitu cinuten.
Ils avaient Reçu,	Hec Errecibitu çuten.
Elles avaient Reçu,	Hec Errecibitu çuten.

FUTUR SIMPLE.

Je Recevrai,	Nic Errecibituco dut.
Tu Recevras,	Hic Errecibituco duc *ou* çuc Errecibituco duçu.
Il Recevra,	Harc Errecibituco du.
Elle Recevra,	Harc Errecibituco du.
Nous Recevrons,	Guc Errecibituco dugu.
Vous Recevrez,	Çuec Errecibituco duçue.
Ils Recevront,	Hec Errecibituco dute.
Elles Recevront,	Hec Errecibituco dute.

FUTUR COMPOSÉ.

J'aurai Reçu.	Nic Errecibitua ukhanen dut.

Tu auras Reçu,	Hic Errecibitua ukhanen duc *ou* çuc Errecibitua ukhanen duçu.
Il aura Reçu,	Harc Errecibitua ukhanen du.
Elle aura Reçu,	Harc Errecibitua ukhanen du.
Nous aurons Reçu,	Guc Errecibitua ukhanen dugu.
Vous aurez Reçu,	Çuec Errecibitua ukhanen duçue.
Ils auront Reçu,	Hec Errecibitua ukhanen dute.
Elles auront Reçu,	Hec Errecibitua ukhanen dute.

Conditionnel Présent.

Je Recevrais,	Nic Errecibi neçake.
Tu Recevrais,	Hic Errecibi heçake *ou* çuc Errecibi cineçake.
Il Recevrait	Harc Errecibi leçake.
Nous Recevrions,	Guc Errecibi guineçke.
Vous Recevriez,	Çuec Errecibi cineçakete.
Ils Recevraient,	Hec Errecibi leçakete.
Elles Recevraient,	Hec Errecibi leçakete.

Passé.

J'aurais Reçu,	Nic Errecibitua ukhanen nuen.
Tu aurais Reçu,	Hic Errecibitua ukhanen huen *ou* çuc Errecibitua ukhanen cinuen.
Il aurait Reçu,	Harc Errecibitua ukhanen çuen.

Elle aurait Reçu,	Harc Errecibitua ukhanen çuen.
Nous aurions Reçu,	Guc Errecibitua ukhanen guinuen.
Vous auriez Reçu,	Çuec Errecibitua ukhanen çinuten.
Ils auraient Reçu,	Hec Errecibitua ukhanen çuten.
Elles auraient Reçu,	Hec Errecibitua ukhanen çuten.

On dit aussi :

J'eusse Reçu,	Nic Errecibituco nuen.
Tu eusses Reçu,	Hic Errecibituco huen *ou* çuc Errecibituco cinuen.
Il eût Reçu,	Harc Errecibituco çuen.
Elle eût Reçu,	Harc Errecibituco çuen.
Nous eussions Reçu,	Guc Errecibituco guinuen.
Vous eussiez Reçu,	Çuec Errecibituco cinuten.
Ils eussent Reçu,	Hec Errecibituco çuten.
Elles eussent Reçu,	Hec Errecibituco çuten.

Impératif.

Reçois,	Errecibi çac *ou* Errecibi çaçu.
Qu'il Reçoive,	Errecibi beça *ou* Errecibi çaçu.
Qu'elle Reçoive,	Errecibi beça.
Recevons,	Errecibi deçagun.
Recevez,	Errecibi çaçue.
Qu'ils reçoivent,	Errecibi beçate.
Qu'elles Reçoivent,	Errecibi beçate.

Subjonctif Présent.

Que je Reçoive,	Nic Errecibi deçadan.
Que tu Reçoives,	Hic Errecibi deçacan *ou* çuc Errecibi deçaçun.
Qu'il Reçoive,	Harc Errecibi deçan.
Qu'elle Reçoive,	Harc Errecibi deçan.
Que nous Recevions,	Guc Errecibi deçagun.
Que vous Receviez,	Çuec Errecibi deçaçuen.
Qu'ils Reçoivent,	Hec Errecibi deçaten.
Qu'elles Reçoivent,	Hec Errecibi deçaten.

Imparfait.

Que je Reçusse.	Nic Errecibi neçan.
Que tu Reçusses,	Hic Errecibi heçan *ou* çuc Errecibi cineçan.
Qu'il Reçut,	Harc Errecibi ceçan.
Qu'elle Reçut,	Harc Errecibi ceçan.
Que nous Reçussions,	Guc Errecibi guineçan.
Que vous Reçussiez,	Çuec Errecibi cineçaten.
Qu'ils Reçussent,	Hec Errecibi ceçaten.
Qu'elles Reçussent,	Hec Errecibi ceçaten.

Prétérit.

Que j'aie Reçu,	Nic Errecibitu dukedan.
Que tu aies Reçu,	Hic Errecibitu dukeyan *ou* çuc Errecibitu dukeçun.
Qu'il ait Reçu,	Harc Errecibitu dukeyen.
Qu'elle ait Reçu.	Harc Errecibitu dukeyen.
Que nous ayons Reçu,	Guc Errecibitu dukegun.
Que vous ayez Reçu,	Çuec Errecibitu dukeçun.
Qu'ils aient Reçu,	Hec Errecibitu duketen.
Qu'elles aient Reçu,	Hec Errecibitu duketen.

PLUS-QUE-PARFAIT.

Que j'eusse Reçu,	Nic Errecibitu nukeyen.
Que tu eusses Reçu,	Hic Errecibitu hukeyen *ou* çuc Errecibitu cinukeyen.
Qu'il eût Reçu,	Harc Errecibitu çukeyen.
Qu'elle eût Reçu,	Harc Errecibitu çukeyen,
Que nous eussions Reçu,	Guc Errecibitu guinukeyen.
Que vous eussiez Reçu,	Çuec Errecibitu cinuketen.
Qu'ils eussent Reçu,	Hec Errecibitu çuketen.
Qu'elles eussent Reçu,	Hec Errecibitu çuketen.

(1) Ainsi se conjuguent : *Concevoir,* Concebitcea ; *Percevoir,* Biltcea *ou* Errecibitcea, etc.

INFINITIF PRÉSENT.

Entendre,	Aditcea (1).

Passé.

Avoir Entendu,	Aditua *ou* Adituac ukhatea.

Participe Présent.

Entendant,	Aditcean.

Participe Passé.

Entendu, Entendue, ayant Entendu,	Aditua *ou* Adituric.

INDICATIF PRÉSENT.

J'entends,	Nic Aditcen dut.
Tu Entends,	Hic Aditcen duc *ou* çuc Aditcen duçu.
Il Entend,	Harc Aditcen du.
Elle entend,	Harc Aditcen du.
Nous Entendons,	Guc Aditcen dugu.
Vous Entendez,	Çuec Aditcen duçue.
Ils Entendent,	Hec Aditcen dute.
Elles Entendent,	Hec Aditcen dute.

Imparfait.

J'entendais,	Nic Aditcen nuen.
Tu Entendais,	Hic Aditcen huen, *ou* çuc Aditcen cinuen.
Il entendait,	Harc Aditcen çuen.
Elle Entendait,	Harc Aditcen çuen.
Nous Entendions,	Guc Aditcen guinuen.

(1) *Voir* page 64 et suiv.

Vous Entendiez,	Çuec Aditcen cinuten.
Ils Entendaient,	Hec Aditcen çuten.
Elles Entendaient,	Hec Aditcen çuten.

PASSÉ DÉFINI.

J'entendis,	Nic Aditu nuen.
Tu Entendis,	Hic Aditu huen *ou* çuc Aditu cinuen.
Il Entendit,	Harc Aditu çuen.
Elle Entendit,	Harc Aditu çuen.
Nous entendîmes,	Guc Aditu guinuen.
Vous Entendîtes,	Çuec Aditu cinuten.
Ils entendirent,	Hec Aditu çuten.
Elles Entendirent,	Hec Aditu çuten.

PASSÉ INDÉFINI.

J'ai Entendu,	Nic Aditu dut.
Tu as Entendu,	Hic Aditu duc *ou* çuc Aditu duçu.
Il a Entendu,	Harc Aditu du.
Elle a Entendu,	Harc Aditu du.
Nous avons Entendu,	Guc Aditu dugu.
Vous avez Entendu,	Çuec Aditu duçue.
Ils ont Entendu,	Hec Aditu dute.
Elles ont Entendu,	Hec Aditu dute.

PASSÉ ANTÉRIEUR.

J'eus Entendu,	Nic Aditu dut.
Tu eus Entendu,	Hic Aditu duc *ou* çuc Aditu duçu.
Il eut Entendu,	Harc Aditu du.
Elle eut Entendu,	Harc Aditu du.
Nous eûmes Entendu,	Guc Aditu dugu.
Vous eûtes Entendu,	Çuec Aditu duçue.
Ils eussent Entendu,	Hec Aditu dute.
Elles eussent Entendu,	Hec Aditu dute.

Plus-que-Parfait.

J'avais Entendu,	Nic Aditu nuen.
Tu avais Entendu,	Hic Aditu huen *ou* çuc Aditu cinuen.
Il avait Entendu,	Harc Aditu çuen.
Elle avait Entendu,	Harc Aditu çuen.
Nous avions Entendu,	Guc Aditu guinuen.
Vous aviez Entendu,	Çuec Aditu cinuten.
Ils avaient Entendu,	Hec Aditu çuten.
Elles avaient Entendu,	Hec Aditu çuten.

Futur Simple.

J'entendrai,	Nic Adituco dut.
Tu Entendras,	Hic Adituco duc *ou* çuc Adituco duçu.
Il Entendra,	Harc Adituco du.
Elle entendra,	Harc Adituco du.
Nous Entendrons,	Guc Adituco dugu.
Vous Entendrez,	Çuec Adituco duçue.
Ils Entendront,	Hec Adituco dute.
Elles Entendront,	Hec Adituco dute.

Futur Composé.

J'aurai Entendu,	Nic Aditua ukhanen dut.
Tu auras Entendu,	Hic Aditua ukhanen duc *ou* çuc Aditua ukhanen duçu.
Il aura Entendu,	Harc Aditua ukhanen du.
Elle aura Entendu,	Harc Aditua ukhanen du.
Nous aurons Entendu,	Guc Aditua ukhanen dugu.
Vous aurez Entendu,	Çuec Aditua ukhanen duçue.
Ils auront Entendu,	Hec Aditua ukhanen dute.
Elles auront Entendu,	Hec Aditua ukhanen dute,

Conditionnel Présent.

J'entendrais,	Nic Adi neçake.
Tu Entendrais,	Hic Adi heçake *ou* çuc Adi cineçake.
Il Entendrait,	Harc Adi leçake.
Elle Entendrait,	Harc Adi leçake.
Nous Entendrions,	Guc Adi guineçake.
Vous Entendriez,	Çuec Adi cineçakete.
Ils Entendraient,	Hec Adi leçakete.
Elles Entendraient,	Hec Adi leçakete.

Passé.

J'aurais Entendu,	Nic Aditua ukhanen nuen.
Tu aurais Entendu,	Hic Aditua ukhanen huen *ou* çuc Aditua ukhanen cinuen.
Il aurait Entendu,	Harc Aditua ukhanen çuen
Elle aurait Entendu,	Harc Aditua ukhanen çuen
Nous aurions Entendu,	Guc Aditua ukhanen guinuen.
Vous auriez Entendu,	Çuec Aditua ukhanen cinuten.
Ils auraient Entendu,	Hec Aditua ukhanen çuten
Elles auraient Entendu,	Hec Aditua ukhanen çuten

On dit aussi :

J'eusse Entendu,	Nic Adituco nuen.
Tu eusses Entendu,	Hic Adituco huen *ou* çuc Adituco cinuen.
Il eut Entendu,	Harc Adituco çuen.
Elle eut Entendu,	Haro Adituco çuen.
Nous eussions Entendu,	Guc Adituco guinuen.
Vous eussiez Entendu,	Çuec Adituco cinuten.
Ils eussent Entendu,	Hec Adituco çuten.
Elles eussent Entendu,	Hec Adituco çuten.

Impératif.

Entends,	Adi çac *ou* Adi çacu.
Qu'il Entende,	Adi beça.
Qu'elle Entende,	Adi beça.
Entendons,	Adi deçagun.
Entendez,	Adi çaçue.
Qu'ils Entendent,	Adi beçate.
Qu'elles Entendent,	Adi beçate.

Subjonctif Présent.

Que j'Entende,	Nic Adi deçadan.
Que tu Entendes,	Hic Adi deçacan *ou* çuc Adi deçaçun.
Qu'il Entende,	Harc Adi doçan.
Qu'elle Entende,	Harc Adi deçan.
Que nous Entendions,	Guc Adi deçagun.
Que vous Entendiez,	Çuec Adi deçaçuen.
Qu'ils Entendent,	Hec Adi deçaten.
Qu'elles Entendent,	Hec Adi deçaten.

Imparfait.

Que j'Entendisse,	Nic Adi neçan.
Que tu Entendisses,	Hic Adi heçan *ou* çuc Adi cineçan.
Qu'il Entendît,	Harc Adi ceçan.
Qu'elle Entendit,	Harc Adi ceçan.
Que nous Entendissions,	Guc Adi guineçan.
Que vous Entendissiez,	Çuec Adi cineçaten.
Qu'ils Entendissent,	Hec Adi ceçaten.
Qu'elles Entendissent,	Hec Adi ceçaten.

Passé.

Que j'aie Entendu,	Nic Aditu dukedan.
Que tu aies Entendu,	Hic Aditu dukeyan.

Qu'il ait Entendu,	Harc Aditu dukeyen.
Qu'elle ait Entendu,	Harc Aditu dukeyen.
Que nous ayons Entendu,	Guc Aditu dukegun.
Que vous ayez Entendu,	Çuec Aditu dukeçuen.
Qu'ils aient Entendu,	Hec Aditu duketen.
Qu'elles aient Entendu,	Hec Aditu duketen.

PLUS-QUE-PARFAIT.

Que j'eusse Entendu,	Nic Aditu nukeyen.
Que tu eusses Entendu,	Hic Aditu hukeyen *ou* çu Aditu cinukeyen.
Qu'il eût Entendu,	Harc Aditu çukeyen.
Qu'elle eût Entendu,	Harc Aditu çukeyen.
Que nous eussions Entendu,	Guc Aditu guinukeyen.
Que vous eussiez Entendu,	Çuec Aditut cinuketen.
Qu'elles eussent Entendu,	Hec Aditu çuketen.
Qu'ils eussent Entendu,	Hec Aditu çuketen.

Conjuguez de même : *Prendre*, Hartçea; *Défendre*, Debecatcea; *Entreprendre*, Entrepenitcea; *Répondre*, Ihardestea; *Vendre*, Saltcea; *Attendre*, Igurikitcea, etc.

VERBE PASSIF.

INFINITIF PRÉSENT.

Être aimé ou *Aimée*,	Maithatua içatea (1).

Prétérit.

Étant Aimé ou *Aimée*,	Maithatua delaric.

Passé.

Ayant été Aimé ou *Aimée*,	Maithatua içanic.

INDICATIF PRÉSENT.

Je suis Aimé,	Ni Maithatua niz.
Tu es Aimé,	Hi Maithatua hiz *ou* çu Maithatua care.
Il est Aimé,	Hura Maithatua da.
Elle est Aimée,	Hura Maithatua da.
Nous sommes Aimés,	Gu Maithatuac guira.
Vous êtes Aimés,	Çuec Maithatuac carete.
Ils sont Aimés,	Hec Maithatuac dira.
Elles sont Aimées,	Hec Maithatuac dira.

Imparfait.

J'étais Aimé,	Ni Maithatua nincen.
Tu étais Aimé,	Hi Maithatua hincen *ou* çu Maithatua cinen.

(1) *Voir* page 64 et suiv.

Il était Aimé,	Hura Maithatua cen.
Elle était Aimée,	Hura Maithatua cen.
Nous étions Aimés,	Gu Maithatuac guinen.
Vous étiez Aimés,	Çuec Maithatuac cineten.
Ils étaient Aimés,	Hec Maithatuac ciren.
Elles étaient Aimées,	Hec Maithatuac ciren.

PRÉTÉRIT DÉFINI.

Je fus Aimé,	Ni Maithatua içan nincen
Tu fus Aimé,	Hi Maithatua içan hincen *ou* çu Maithatua içan cinen.
Il fut Aimé,	Hura Maithatua içan cen.
Elle fut Aimée,	Hura Maithatua içan cen.
Nous fûmes Aimés,	Gu Maithatuac içan guinen
Vous fûtes Aimés,	Çuec Maithatuac içan cineten.
Ils furent Aimés,	Hec Maithatuac içan ciren
Elles furent Aimées,	Hec Maithatuac içan ciren

PRÉTÉRIT INDÉFINI.

J'ai été Aimé,	Ni Maithatua içan niz.
Tu as été Aimé,	Hi Maithatua içan hiz *ou* çu Maithatua içan cira.
Il a été Aimé,	Hura Maithatua içan da.
Elle a été Aimée,	Hura Maithatua içan da.
Nous avons été Aimés,	Gu Maithatuac içan guira
Vous avez été Aimés,	Çuec Maithatuac içanen çarete.
Ils ont été Aimés,	Hec Maithatuac içan dira
Elles ont été Aimées,	Hec Maithatuac içan dira

PRÉTÉRIT ANTÉRIEUR.

J'eus été Aimé,	Ni Maithatua içan niz.

	Hi Maithatua içan hiz *ou*
Tu eus été Aimé,	çu Maithatua içan hira.
Il eut été Aimé,	Hura Maithatua içan da.
Elle eut été Aimée,	Hura Maithatua içan da.
Nous eûmes été Aimés,	Gu Maithatuac içan guira.
Vous eûtes été Aimés,	Çuec Maithatuac içan çarete.
Ils eurent été Aimés,	Hec Maithatuac içan dira.
Elles eurent été Aimées,	Hec Maithatuac içan dira.

PLUS-QUE-PARFAIT.

J'avais été Aimé	Ni Maithatua içan nincen.
Tu avais été Aimé,	Hi Maithatua içan hincen *ou* çu Maithatua içan cinen.
Il avait été Aimé,	Hura Maithatua içan cen.
Elle avait été Aimée,	Hura Maithatua içan cen.
Nous avions eté Aimés,	Gu Maithatuac içan guinen
Vous aviez été Aimés,	Çuec Maithatuac içan cinetén.
Ils avaient été Aimés,	Hec Maithatuac içan ciren.
Elles avaient été Aimées,	Hec Maithatuac içan ciren.

FUTUR SIMPLE.

Je serai Aimé,	Ni Maithatua içanen niz.
Tu seras Aimé,	Hi Maithatua içanen hiz *ou* çu Maithatua içanen cira.
Il sera aimé,	Hura Maithatua içanen da.
Elle sera Aimée,	Hura Maithatua içanen da.
Nous serons Aimés,	Gu Maithatuac içanen guira
Vous serez Aimés,	Çuec Maithatuac içanen çarete.
Ils seront Aimés,	Hec Maithatuac içanen dira
Elles seront Aimées,	Hec Maithatuac içanen dira

FUTUR COMPOSÉ.

J'aurai été Aimé,	Ni Maithatua içana ukhanen niz.
Tu auras été Aimé,	Hi Maithatua içana ukhanen hiz *ou* çu Maithatua içana ukhanen cira.
Il aura été Aimé,	Hura Maithatua içana ukhanen da.
Elle aura été Aimée,	Hura Maithatua içana ukhanen da.
Nous aurons été Aimés,	Gu Maithatuac içanac ukhanen guira.
Vous aurez été Aimés,	Çuec Maithatuac içanac ukhanen çarete.
Ils auront été Aimés,	Hec Maithatuac içanac ukhanen dira.
Elles auront été Aimées,	Hec Maithatuac içanac ukhanen çarete.

CONDITIONNEL PRÉSENT.

Je serais Aimé,	Ni Maithatua içan ninteke.
Tu serais Aimé,	Hi Maithatua içan hinteke *ou* çu Maithatua içan ciniteźke.
Il serait Aimé,	Hura Maithatua içan liteke
Elle serait Aimée,	Hura Maithatua içan liteke
Nous serions Aimés,	Gu Maithatuac içan guinitezke.
Vous seriez Aimés,	Çuec Maithatuac içan cinitezkete.
Ils seraient Aimés,	Hec Maithatuac içan litezke
Elles seraient Aimées,	Hec Maithatuac içan litezke

Passé.

J'aurais été Aimé,	Ni Maithatua içana ukhanen nincen.
Tu aurais été aimé,	Hi Maithatua içana ukhanen hincen *ou* çu Maithatua içana ukhanen cinen.
Il aurait été Aimé,	Hura Maithatua içana ukhanen cen.
Elle aurait été Aimée,	Hura Maithatua içana ukhanen cen.
Nous aurions été Aimés,	Gu Maithatuac içanac ukhanen guinen.
Vous auriez été Aimés,	Çuec Maithatuac içanac ukhanen cineten.
Ils auraient été Aimés,	Hec Maithatuac içanac ukhanen ciren.
Elles auraient été Aimées,	Hec Maithatuac içanac ukhanen ciren.

Second Conditionnel Passé.

J'eusse été Aimé,	Ni Maithatua içanen nincen
Tu eusses été Aimé,	Hi Maithatua içanen hincen *ou* çu Maithatua içanen cinen.
Il eût été Aimé,	Hura Maithatua içanen cen
Elle eût été Aimée,	Hura Maithatua içanen cen
Nous eussions été Aimés,	Gu Maithatuac içanen guinen.
Vous eussiez été Aimés,	Çuec Maithatuac içanen cineten.

Ils eussent été Aimés,	Hec Maithatuac içanen ciren.
Elles eussent été Aimées,	Hec Maithatuac içanen ciren.

IMPÉRATIF.

Sois Aimé,	Maithatua içan hadi *ou* Maithatua içan cite.
Qu'il soit Aimé,	Maithatua içan bedi.
Qu'elle soit Aimée,	Maithatua ican bedi.
Soyons Aimés,	Maithatuac içan guiten.
Soyez Aimés,	Maithatuac içan citezte.
Qu'ils soient Aimés,	Maithatuac içan bite.
Qu'elles soient Aimées,	Maithatuac ican bite.

SUBJONCTIF PRÉSENT.

Que je sois Aimé,	Ni Maithatua içan nadin.
Que tu sois Aimé,	Hi Maithatua içan hadin *ou* çu Maithatua içan citen.
Qu'il soit Aimé,	Hura Maithatua içan dadin
Qu'elle soit Aimée,	Hura Maithatua içan dadin
Que nous soyons Aimés,	Gu Maithatuac içan guiten.
Que vous soyez Aimés,	Çuec Maithatuac içan citezten.
Qu'ils soient Aimés,	Hec Maithatuac içan diten.
Qu'elles soient Aimées,	Hec Maithatuac içan diten.

IMPARFAIT.

Que je fusse Aimés,	Ni Maithatua içan nindadin
Que tu fusses Aimé,	Hi Maithatua içan hindadin *ou* çu Maithatua içan ciniten.
Qu'il fût Aimé,	Hura Maithatua içan çadin

Qu'elle fût Aimée,	Hura Maithatua içan çadin
Que nous fussions Aimés,	Gu Maithatuac içan guiniten.
Que vous fussiez Aimés,	Çuec Maithatuac içan cinitezten.
Qu'ils fussent Aimés,	Hec Maithatuac içan citen.
Qu'elles fussent Aimées,	Hec Maithatuac içan citen.

PRÉTÉRIT.

Que j'aie été Aimé,	Ni Maithatua içau nitekeyen.
Que tu aies été Aimé,	Hi Maithatua içan hitekeyen *ou* çu Maithatua içan citezkeyen.
Qu'il ait été Aimé,	Hura Maithatua içan ditekeyen.
Qu'elle ait été Aimée,	Hura Maithatua içan ditekeyen.
Que nous ayons été Aimés,	Gu Maithatuac içan guitezkeyen.
Que vous ayez été Aimés,	Çuec Maithatuac içan citezketen.
Qu'ils aient été Aimés,	Hec Maithatuac içan ditezkeyen.
Qu'elles aient été Aimées,	Hec Maithatuac içan ditezkeyen.

PLUS-QUE-PARFAIT.

Que j'eusse été Aimé,	Ni Maithatua içan ninteke-yen.
Que tu eusses été Aimé,	Hi Maithatua içan hintekeyen *ou* çu Maithatua içan cintezkeyen.
Qu'il eût été Aimé,	Hura Maithatua içan citekeyen.

******

Qu'elle eût été Aimée,	Hura Maithatua içan cite-keyen.
Que nous eussions été Aimés,	Gu Maithatuac içan guinitezkeyen.
Que vous eussiez été Aimés,	Çuec Maithatuac içan cinitezketen.
Qu'ils eussent été Aimés,	Hec Maithatuac içan citez-keyen.
Qu'elles eussent été Aimées.	Hec Maithatuac içan citez-keyen.

Ainsi se conjuguent : *Être Adoré,* Aoratua içatea; *être Estimé,* Estimatua içatea; *être Entendu,* Aditua içatea; *être Vendu,* Saldua içatea; etc.

VERBE NEUTRE OU INTRANSITIF.

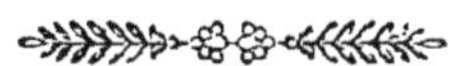

INFINITIF PRÉSENT

Tomber,	Erortcea.

PASSÉ.

Être Tombé,	Eroria içatea.

PARTICIPE PRÉSENT.

Tombant,	Erortcean.

PARTICIPE PASSÉ.

Tombé Tombée, étant Tombé,	Eroria *ou* Eroriric.

INDICATIF PRÉSENT.

Je Tombe,	Ni Erortcen niz.
Tu Tombe,	Hi Erortcen hiz *ou* çu Erortcen cira.
Il Tombe,	Hura Erortcen da.
Elle Tombe,	Hura Erortcen da.
Nous Tombons,	Gu Erortcen guira.
Vous Tombez,	Çuec Erortcen carete.
Ils Tombent,	Hec Erortcen dira.
Elles Tombent,	Hec Erortcen dira.

IMPARFAIT.

Je Tombais,	Ni Erortcen nincen.
Tu Tombais,	Hi Erortcen hincen.
Il Tombait,	Hura Erortcen cen.

Elle Tombait,	Hura Erortcen cen.
Nous Tombions,	Gu Erortcen guinen.
Vous Tombiez,	Çuec Erortcen cineten.
Ils Tombaient	Hec Erortcen ciren.
Elles Tombaient,	Hec Erortcen ciren.

PASSÉ DÉFINI.

Je Tombai,	Ni Erori nincen.
Tu Tombas,	Hi Erori hincen *ou* çu Erori cinen,
Il Tomba,	Hura Erori cen.
Elle Tomba,	Hura Erori cen.
Nous Tombâmes,	Gu Erori guinen.
Vous Tombâtes,	Çuec Erori cineten.
Ils Tombèrent,	Hec Erori ciren.
Elles Tombèrent,	Hec Erori ciren.

PASSÉ INDÉFINI.

Je suis Tombé,	Ni Erori niz.
Tu es Tombé,	Hi Erori hiz.
Il est tombé,	Hura Erori da *ou* çu Erori cira.
Elle est Tombée,	Hura erori da.
Nous sommes Tombés,	Gu Erori guira.
Vous êtes Tombés,	Çuec Erori çarete.
Ils sont Tombés,	Hec Erori dira.
Elles sont Tombées,	Hec Erori dira.

PASSÉ ANTÉRIEUR.

Je fus Tombé,	Ni Erori niz.
Tu fus Tombé,	Hi Erori hiz *ou* çu Erori cira.
Il fut Tombé,	Hura Erori da.
Elle fut Tombée,	Hura Erori da,

Nous fûmes Tombés,	Gu Erori guira.
Vous fûtes Tombé,	Çuec Erori çarete.
Ils furent Tombés,	Hec Erori dira.
Elles furent Tombées,	Hec Erori dira.

Plus-que-Parfait.

J'étais Tombé,	Ni Erori nincen.
Tu étais Tombé,	Hi Erori hincen *ou* çu Erori cinen.
Il était Tombé,	Hura Erori cen.
Elle était Tombée,	Hura Erori cen.
Nous étions Tombés,	Gu Erori guinen.
Vous étiez Tombés,	Çuec Erori cineten.
Ils étaient Tombés,	Hec Erori ciren.
Elles étaient Tombées,	Hec Erori ciren.

Futur Simple.

Je Tomberai,	Ni Erorico niz.
Tu Tomberas,	Hi Erorico hiz *ou* çu Erorico cira.
Il Tombera,	Hura Erorico da.
Elle Tombera,	Hura Erorico da.
Nous Tomberons,	Gu Erorico guira.
Vous Tomberez,	Çuec Erorico çarete.
Ils Tomberont,	Hec Erorico dira.
Elles Tomberont,	Hec Erorico dira.

Futur Composé.

Je serai Tombé,	Ni Eroria içanen niz.
Tu seras Tombé,	Hi Eroria içanen hiz *ou* çu Eroria içanen cira.
Il sera Tombé,	Hura Eroria içanen da.
Elle sera tombée,	Hura Eroria içanen da.

Nous serons Tombés,	Gu Eroriac içanen guira.
Vous serez Tombés,	Çuec Eroriac içanen cirete
Ils seront Tombés,	Hec Eroriac içanen dira.
Elles seront Tombées,	Hec Eroriac içanen dira.

CONDITIONNEL PRÉSENT.

Je Tomberais,	Ni Eror ninteke.
Tu Tomberais,	Hi Eror hinteke *ou* çu Eror cinitezke.
Il Tomberait,	Hura Eror liteke.
Elle Tomberait,	Hura Eror liteke.
Nous Tomberions,	Gu Eror guinitezke.
Vous Tomberiez,	Çuec Eror cinitezkete.
Ils Tomberaient,	Hec Eror litezke.
Elles Tomberaient,	Hec Eror litezke.

PASSÉ.

Je serais Tombé,	Ni Eroria içanen nincen.
Tu serais Tombé,	Hi Erorla içanen hincen *ou* çu Eroria içanen cinen.
Il serait Tombé,	Hura Eroria içanen cen.
Elle serait Tombée,	Hura Eroria içanen cen.
Nous serions Tombés,	Gu Eroriac içanen guinen.
Vous seriez Tombés,	Çuec Eroriac içanen cineten.
Ils seraient Tombés,	Hec Eroriac içanen ciren.
Elles seraient Tombées,	Hec Eroriac içanen ciren.

ON DIT AUSSI :

Je fusse Tombé,	Ni Erorico hincen.
Tu fusses Tombé,	Hi Erorico hincen *ou* çu Erorico cinen.
Il fût Tombé,	Hura Erorico cen.

Elle fût Tombée,	Hura Erorico cen.
Nous fussions Tombés,	Gu Erorico guinen.
Vous fussiez Tombés,	Çuec Erorico cineten.
Ils fussent Tombées,	Hec Erorico ciren.
Elles fussent Tombées,	Hec Erorico ciren.

Impératif.

Tombe,	Eror hadi *ou* Eror cite.
Qu'il Tombe,	Eror bedi.
Q'uelle Tombe,	Eror bedi.
Tombons,	Eror guiten.
Tombez,	Eror citezte.
Qu'ils Tombent,	Eror bite.
Qu'elles Tombent,	Eror bite.

Subjonctif Présent.

Que je Tombe,	Ni Eror nadin.
Que tu Tombes,	Hi Eror hadin *ou* çu Eror citen.
Qu'il Tombe,	Hura Eror dadin.
Qu'elle Tombe,	Hura Eror dadin.
Que nous Tombions,	Gu Eror guiten.
Que vous Tombiez,	Çuec Eror citezten.
Qu'ils Tombent,	Hec Eror diten.
Qu'elles Tombent,	Hec Eror diten.

Imparfait.

Que je Tombasse,	Ni Eror nindadin.
Qe tu Tombasses,	Hi Eror hindadin.
Qu'il Tombât,	Hura Eror çadin.
Qu'elle Tombât,	Hura Eror çadin.
Que nous Tombassions,	Gu Eror guiniten.
Que vous Tombassiez,	Çuec Eror cinitezten.
Qu'ils Tombassent,	Hec Eror citen.
Qu'elles Tombassent,	Hec Eror citen.

Passé.

Que je sois Tombé,	Ni Erori nitekeyen.
Que tu sois Tombé,	Hi Erori hitekeyen *ou* çu Erori citezkeyen.
Qu'il soit Tombé,	Hura Erori ditekeyen.
Qu'elle soit Tombée,	Hura Erori ditekeyen.
Que nous soyons Tombés,	Gu Erori guitezkeyen.
Que vous soyez Tombés,	Çuec Erori citezketen.
Qu'ils soient Tombés,	Hee Erori ditezkeyen.
Qu'elles soient Tombées,	Hec Erori ditezkeyen.

Plus-que-Parfait.

Que je fusse Tombé,	Ni Erori nintekeyen.
Que tu fusses Tombé,	Hi Erori hintekeyen *ou* çu Erori cinitezkeyen.
Qu'il fût Tombé,	Hura Erori citekeyen.
Qu'elle fût Tombée,	Hura Erori citekeyen.
Que nous fussions Tombés,	Gu Erori guinitezkeyen.
Que vous fussiez Tombés,	Çuec Erori cinitezketen.
Qu'ils fussent Tombés,	Hec Erori citezkeyen.
Qu'elles fussent Tombées,	Hec Erori citezkeyen.

On conjugue de même : *Rester*, Egotea; *Venir*, Yitea; *Sortir*, Atheratcea; etc.

VERBE RÉFLÉCHI.

INFINITIF PRÉSENT.

Se Conduire,	Guidatcea (bera burua).

PASSÉ.

S'être Conduit ou *Conduite,*	Guidatua ukhatea (bere burua).

PARTICIPE PRÉSENT.

Se Conduisant,	Guidatcean (bere burua).

PARTICIPE PASSÉ.

Conduit, Conduite, s'étant Conduit ou *Conduite,*	Guidatua *ou* Guidaturic (bere burua).

INDICATIF PRÉSENT.

Je me Conduis,	Ni Guidatcen niz.
Tu te Conduis,	Hi Guidatcen hiz *ou* çu guidatcen cira.
Il se Conduit,	Hura Guidatcen da.
Elle se Conduit,	Hura Guidatcen da.
Nous nous Conduisons,	Gu Guidatcen guira.
Vous vous Conduisez,	Çuec Guidatcen carete.
Ils se Conduisent,	Hec Guidatcen dira.
Elles se Conduisent,	Hec Guidatcen dira.

Imparfait.

Je me Conduisais,	Ni Guidatcen nincen.
Tu te Conduisais,	Hi Guidatcen hincen, *ou* çu Guidatcen cinen.
Il se Conduisait,	Hura Guidatcen cen.
Elle se Conduisait,	Hura Guidatcen cen.
Nous nous Conduisions,	Gu Guidatcen guinen.
Vous vous Conduisiez,	Çuec Guidatcen cineten.
Ils se Conduisaient,	Hec Guidatcen ciren.
Elles se Conduisaient,	Hec Guidatcen ciren.

Passé Défini.

Je me Conduisis,	Ni Guidatu nincen.
Tu te Conduisis,	Hi Guidatu hincen, *ou* çu Guidatu cinen.
Il se Conduisit,	Hura Guidatu cen.
Elle se Conduisit,	Hura Guidatu cen.
Nous nous Conduisîmes,	Gu Guidatu guinen.
Vous vous Conduisîtes,	Çuec Guidatu cineten.
Ils se Conduisirent,	Hec Guidatu ciren.
Elles se Conduisirent,	Hec Guidatu ciren.

Passé Indéfini.

Je me suis Conduit,	Ni Guidatu niz.
Tu t'es Conduit,	Hi Guidatu hiz, *ou* çu Guidatu cira.
Il s'est Conduit,	Hura Guidatu da.
Elle s'est Conduite,	Hura Guidatu da.
Nous nous sommes Conduits,	Gu Guidatu guira.
Vous vous êtes Conduits,	Çuec Guidatu carete.
Ils se sont Conduits,	Hec Guidatu dira.
Elles se sont Conduites,	Hec Guidatu dira.

Passé Antérieur.

Je me fus Conduit,	Ni Guidatu niz, *ou* çu Guidatu cira.
Tu te fus Conduit,	Hi Guidatu hiz,
Il se fut Conduit,	Hura Guidatu da.
Elle se fut Conduite,	Hura Guidatu da,
Nous nous fûmes Conduits,	Gu Guidatu guira.
Vous vous fûtes Conduits,	Çuec Guidatu çarete.
Ils se furent Conduits,	Hec Guidatu dira.
Elles se furent Conduites,	Hec Guidatu dira.

Plus-que-Parfait.

Je m'étais Conduit,	Ni Guidatu nincen.
Tu t'étais Conduit,	Hi Guidatu hincen, *ou* çu Guidatu cinen.
Il s'était Conduit,	Hura Guidatu cen.
Elle s'était Conduite,	Hura Guidatu cen.
Nous nous étions Conduits,	Gu Guidatu guinen.
Vous vous étiez Conduits,	Çuec Guidatu cineten.
Ils s'étaient Conduits,	Hec Guidatu ciren.
Elles s'étaient Conduites,	Hec Guidatu ciren.

Futur Simple.

Je me Conduirai,	Ni Guidatuco niz.
Tu te Conduiras,	Hi Guidatuco hiz, *ou* çu Guidatuco cira.
Il se Conduira,	Hura Guidatuco da.
Elle se Conduira,	Hura Guidatuco da.
Nous nous Conduirons,	Gu Guidatuco guira.
Vous vous Conduirez,	Çuec Guidatuco çarete.
Ils se Conduiront,	Hec Guidatuco dira.
Elles se Conduiront,	Hec Guidatuco dira.

FUTUR COMPOSÉ.

Je me serai Conduit,	Ni Guidatua içanen niz.
Tu te seras Conduite,	Hi Guidatua içanen hiz, *ou* çu Guidatua içanen cira.
Il se sera Conduit,	Hura Guidatua içanen da.
Elle se sera Conduite,	Hura Guidatua içanen da.
Nous nous serons Conduits,	Gu Guidatuac içanen guira
Vous vous serez Conduits,	Çuec Guidatuac içanen carete.
Ils se seront Conduits,	Hec Guidatuac içanen dira.
Elles se seront Conduites,	Hec Guidatuac içanen dira.

CONDITIONNEL.

Je me Conduirais,	Ni Guida ninteke.
Tn te Conduirais,	Hi Guida hinteke, *ou* çu Guida cinitezke.
Il se Conduiraît,	Hura Guida liteke.
Elle se Conduirait,	Hura Guida liteke.
Nous nous Conduirions,	Gu Guida ginitezke.
Vous vous Conduiriez,	Çuec Guida cinitezkete.
Ils se Conduiraient,	Hec Guida litezke.
Elles se Conduiraient,	Hec Guida litezke.

PASSÉ.

Je me serais Conduit,	Ni Guidatua içanen nincen.
Tu te serais Conduit,	Hi Guidatua içanen hincen, *ou* çu Guidatua içanen cinen.
Il se serait Conduit,	Hura Guidatua içanen cen.
Elle se serait Conduite,	Hura Guidatua içanen cen.
Nous nous serions Conduits,	Gu Guidatuac içanen guinen.

Vous vous seriez Conduits,	Çuec Guidatuac içanen cineten.
Ils se seraient Conduits,	Hec Guidatuac içanen ciren.
Elles se seraient Conduites,	Hec Guidatuac içanen ciren.

On dit aussi :

Je me fusse Conduit,	Ni Guidatuco nincen.
Tu te fusses Conduit,	Hi Guidatuco cinen, *ou* çu Guidatuco cinen.
Il se fût Conduit,	Hura Guidatuco cen.
Elle se fût Conduite,	Hura Guidatuco cen.
Nous nous fussions Conduits,	Gu Guidatuco guinen.
Vous vous fussiez Conduits,	Çuec Guidatuco cineten.
Ils se fussent Conduits,	Hec Guidatuco ciren.
Elles se fussent Conduites,	Hec Guidatuco ciren.

Impératif.

Conduis-toi,	Guida hadi, *ou* Guida cite.
Qu'il se Conduise,	Guida bedi.
Qu'elle se Conduise,	Guida bedi.
Conduisons-nous,	Guida guiten.
Conduisez-vous,	Guida citezte.
Qu'ils se Conduisent,	Guida bite.
Qu'elles se Conduisent,	Guida bite.

Subjonctif.

Que je me Conduise,	Ni Guida nadin.
Que tu te Conduises,	Hi Guida hadin, *ou* çu Guida citen.
Qu'il se Conduise,	Hura Guida dadin.
Qu'elle se Conduise,	Hura Guida dadin.

Que nous nous Conduisions,	Gu Guida guiten.
Que vous vous Conduisiez,	Çuec Guida citezten.
Qu'ils se Conduisent,	Hec Guida diten.
Qu'elles se Conduisent,	Hec Guida diten.

IMPARFAIT.

Que je me Conduisisse,	Ni Guida nindadin.
Que tu te Conduisisses,	Hi Guida hindadin, *ou* çu Guida cineten.
Qu'il se Conduisît,	Hura Guida çadin.
Qu'elle se Conduisît,	Hura Guida çadin.
Que nous nous Conduisissions,	Gu Guida guiniten.
Que vous vous Conduisissiez,	Çuec Guida cinitezten.
Qu'ils se Conduisissent,	Hec Guida citen.
Qu'elles se Conduisissent.	Hec Guida citen.

PASSÉ.

Que je me sois Conduit,	Ni Guidatu nitekeyen.
Que tu te sois Conduit,	Hi Guidatu hitekeyen, *ou* çu Guidatu citezkeyen.
Qu'il se soit Conduit,	Hura Guidatu ditekeyen.
Qu'elle se soit Conduite,	Hura Guidatu ditekeyen.
Que nous nous soyons Conduits,	Gu Guidatu guitezkeyen.
Que vous vous soyez Conduits,	Çuec Guidatu citezketen.
Qu'ils se soient Conduits,	Hec Guidatu citezkeyen.
Qu'elles se soient Conduites,	Hec Guidatu citezkeyen.

PLUS-QUE-PARFAIT.

Que je me fusse Conduit,	Ni Guidatu nintekeyen.
Que tu te fusses Conduit,	Hi Guidatu hintekeyen, *ou* çu Guidatu cinitezkeyen.

Qu'il se fût Conduit,	Hura Guidatu citekeyen.
Qu'elle se fût Conduite,	Hura Guidatu citekeyen.
Que nous nous fussions Conduits,	Gu Guidatu guinitezkeyen.
Que vous vous fussiez Conduits,	Çuec Guidatu cinitezketen.
Qu'ils se fussent Conduits,	Hec Guidatu citezkeyen.
Qu'elles se fussent Conduites,	Hec Guidatu citezkeyen.

Ainsi se conjuguent: *Se Hâter*, Presatcea (bere burua); *Se Baigner*, Mainhatcea (bere burua); *Se Sauver*, Salbatcea (bere burua); *Se Dompter*, Heztea (bere burua); *S'arrêter*, Baratcea (bere burua); *S'épargner*, Eparniatcea (bere burua); *Se Nourrir*, Haztea (bere burua); *Se Couvrir*, Estalcea (bere burua), *Se Voir*, Ikhustea (bere burua); *S'entendre*, Aditcea (bere burua); *Se Vendre*, Saltcea (bere burua); etc.

VERBE UNIPERSONNEL.

Faloir, Behar Içatea.

PASSÉ.

Ayant Fallu. Behar Içanic.

INDICATIF PRÉSENT.

Il Faut, Behar da.

IMPARFAIT.

Il Fallait, Behar cen.

PASSÉ DÉFINI.

Il Fallut, Behar içan cen.

PASSÉ ANTÉRIEUR.

Il eut Fallu, Behar içan da.

PLUS-QUE-PARFAIT.

Il avait Fallu, Behar içan cen.

FUTUR.

Il Faudra, Beharco da.

FUTUR ANTÉRIEUR.

Il aura Fallu, Behar içana ukhanen da.

CONDITIONNEL PRÉSENT.

Il Faudrait,	**Behar liteke.**

PASSÉ.

Il aurait Fallu,	**Behar içanen çen.**

SUBJONCTIF PRÉSENT OU FUTUR.

Qu'il Faille,	**Behar içan dadin.**

IMPARFAIT.

Qu'il Fallût,	**Behar içan çadin.**

PASSÉ.

Qu'il ait Fallu,	**Behar içan ditekeyen.**

PLUS-QUE-PARFAIT.

Qu'il eût Fallu,	**Behar içan citekeyen.**

AVERTISSEMENT.

CE sera à la Seconde Partie, que se trouv
ront conjugués les Verbes Basques irréguliei
les plus usités, à la suite desquels seront l
Verbes à compléments directs et à compl
ments indirects, et les Verbes à complémen
directs et indirects, étonnamment variés.

Ce qui va rendre cette Première Part
éminemment élémentaire, c'est la Grammai
Française que j'ai cru devoir y ajouter, af
que les jeunes gens puissent y trouver, da
le même cadre, les Éléments nécessaires po
les premières études, sans qu'ils soient obl
gés de faire une double dépense pour se pr
curer un autre Ouvrage.

CHRÉTIEN,

SOUVIENS-TOI QUE TU AS AUJOURD'HUI :

Un Dieu à glorifier;
Un Jésus à imiter;
La Vierge et les Saints à prier;
Les bons Anges à honorer;
Une Ame à Sauver;
Un Corps à mortifier;
Des Vertus à demander;
Des Péchés à expier;
Un Paradis à gagner;
Un Enfer à Éviter;
Une Éternité à méditer;
Un Temps à ménager;
Un Prochain à édifier;
Un Monde à appréhender;
Des Démons à combattre;
Des Passions à abattre;
Peut-être la Mort à souffrir;
Et le Jugement à subir.

PRIÈRES

QUI SE DISENT DANS L'ÉCOLE EN DIFFÉRENTS TEMPS.

AU COMMENCEMENT DES EXERCICES.

EN LATIN.

✝ In nomine Patris, et Filii, et Spiritûs Sancti. Amen.

Souvenons-nous que nous sommes en la sainte présence de Dieu, et disons :

Veni, Sancte Spiritûs, reple tuorum corda fidelium, et tui amoris in eis ignem accende.

℣. Emitte Spiritum tuum et creabuntur.

℟. Et renovabis faciem terræ.

OREMUS.

Deus qui corda fidelium Sancti Spiritûs illustratione docuisti: da nobis in eodem Spiritu recta sapere, et de ejus semper consolatione gaudere. Per Christum Dominum nostrum. Amen. Ave, Maria, etc.

EN FRANÇAIS.

✝ Au nom du Père, et du Fils, et du Saint-Esprit. Ainsi soit-il.

Venez, Saint-Esprit, remplissez les cœurs de vos fidèles, et allumez-y le feu sacré de votre saint amour.

℣. Envoyez votre Saint-Esprit pour nous donner une nouvelle vie.

℟. Et vous renouvellerez la face de la terre.

PRIONS.

Mon Dieu, qui avez instruit vos fidèles par les lumières du Saint-Esprit que vous avez répandues dans les cœurs, donnez-nous par ce même Esprit la connaissance et l'amour de la justice et la grâce de participer aux fruits de ses divines consolations par Jésus-Christ, notre Seigneur. Ainsi soit-il. Je vous salue, etc.

EN BASQUE.

(*Escola hastean erraten den othoitça*).

† Aitaren, eta semearen, eta Izpiritu saindiaren icenean. Halabiz.

(*Orhoit gaitecen Jaincoaren aitcinean garela*).

Çato Izpiritu saindua, bethe çatçu çure fidelen bihotçac, eta phitz çaçu gure baithan çure amodioaren sua.

℣. Egor açu, othoi, çure izpiritua.

℟. Eta mundu guçia berria eguinen da.

Othoitça.

Jauna, çure cerbitçarien bihotzac izpiritu sainduaz arguitu ditutçuna, iguçu, othoi, guri ere, onguia guztarazten eta arimaco goçoa ematen duen izpiritu bera, Jesu-Christo gure Jaunaz. Halabiz.

L'ANGELUS EN LATIN (1).

℣. Angelus Domini nuntiavit Mariæ.

℟. Et concepit de Spiritu Sancto. Ave, Maria, etc.

℣. Ecce ancilla Domini.

℟. Fiat mihi secundum verbum tuum. Ave, Maria, etc.

℣. Et verbum caro factum est.

℟. Et habitavit in nobis. Ave, Maria, etc.

Ora pro nobis sancta Dei genitrix,

Ut digni efficiamur promissionibus Christi.

Oremus.

Gratiam tuam quæsumus, Domine, mentibus nostris infunde, ut qui Angelo nuntiante

(1) Si on récite l'*Angelus* à genoux, on gagne cent jours d'Indulgence; mais on le récite debout les Samedis à Midi et au Soir, les Dimanches, le Matin, à Midi et au Soir, ainsi qu'en *Temps Pascal;* ce qui n'empêche pas de gagner les mêmes Indulgences. (Pie VI, 18 Mars 1781).

Christi filii tui incarnationem cognovimus, per passionem ejus et crucem ad resurrectionis gloriam perducamur. Per eumdem Christum Dominum nostrum. Amen.

L'ANGELUS EN FRANÇAIS.

℣. L'Ange du Seigneur a annoncé à Marie une heureuse nouvelle;

℟. Et elle a conçu du Saint-Esprit. Je vous salue, etc.

℣. Voici la servante du Seigneur;

℟. Qu'il me soit fait selon votre parole. Je vous salue, etc.

℣. Et le Verbe s'est fait chair;

℟. Et il a demeuré parmi nous. Je vous salue, etc.

℣. Priez pour nous, sainte Mère de Dieu;

℟. Afin que nous soyons rendus dignes des promesses de Jésus-Christ.

Prions.

Seigneur, nous vous supplions de répandre votre grâce dans nos âmes, afin qu'ayant connu par le ministère de l'ange, l'incarnation de votre fils, nous soyons conduits par sa croix et par sa mort à la gloire de sa résurrection; nous vous en prions par le même J.-C.

℟. Ainsi soit-il.

L'ANGELUS EN BASQUE.

℣. Jaunaren ainguеruac Mariari eman dio berri on bat.

I. Eta concebitu du Izpiritu saindua ganic. Agur, Maria, etc.

℣. Huna Jaunaren Nescatoa.

I. Eguin bekit çure hitçaten arabera. Agur, Maria, etc.

℣. Eta Verboac hartu du haraguizco gorphutz bat.

I. Eta egotu da gure artean. Agur, Maria.

℣. Othoitz eguiçu guretçat, Jaincoaren Ama saindua.

I. Mereci ditçagun amorecatic Jesuseo aguindu onthasunac.

OTHOITÇA.

Othoizten çaitugu, Jauna, çure gracia ichur deçaçun gure bihotcetara, amorecatic, Ainguеruaren medioz çure Seme divinoaren incarnacionea eçaguturic, haren passionearen eta gurutcearen merecimenduz, hel gaiten bicitce dohatsura. Galdatcen darotçugu Jesu-Christo gure Jaunaz. Halabiz.

LE SALVE EN LATIN.

Salve, regina, Mater misericordiæ; vita

dulcedo et spes nostra salve ; ad te clamamus, exules filii Evæ. Ad te suspiramus, gementes et flentes in hac lacrymarum valle. Eia ergo, advocata nostra, illos tuos misericordes oculos ad nos converte ; et Jesum benedictum fructum ventris tui, nobis post hoc exilium ostende, ô clemens, ô pia, ô dulcis Virgo Maria !

℣. Ora pro nobis, sancta Dei genitrix.

℟. Ut digni efficiamur promissionibus Christi.

OREMUS :

Omnipotens sempiterne Deus, qui, gloriosæ Virginis matris Mariæ corpus et animam, ut dignum Filii tui habitaculum effici mereretur, Spiritu Sancto cooperante, preparasti : da, ut cujus commemoratione lætamur, ejus pia intercessione, ab instantibus malis, et à morte perpetuâ liberemur : per eumdem Christum Dominum nostrum. Amen.

LE SALVE EN FRANÇAIS (1).

Nous vous saluons, reine du ciel, mère du Dieu de miséricorde ; ô vous, qui êtes no-

(1) Plusieurs chefs d'Écoles et de Familles, font réciter habituellement le *Salve* vers la fin de la Prière du Matin et de celle du Soir. On peut gagner quarante jours d'Indulgence chaque fois.

******

tre vie, notre joie et notre espérance, nous vous saluons. Nous élevons nos voix vers vous comme de pauvres exilés et de malheureux enfans d'Eve. Nous poussons vers vous nos soupirs et nos gémissements dans cette vallée de larmes. Soyez notre avocate; jetez sur nous des regards favorables, et, après le terme de notre exil, montrez-nous Jésus le fruit sacré de votre sein! ô Vierge Marie, pleine de miséricorde, de tendresse et de bonté pour les hommes!

℣. Priez pour nous, sainte mère de Dieu;

℟. Afin que nous soyons rendus dignes des promesses de Jésus-Christ.

Oraison.

Dieu tout-puissant et éternel, qui, par la coopération du Saint-Esprit, avez préparé le corps et l'âme de la glorieuse Vierge Marie, pour en faire une demeure digne de votre fils, accordez-nous la grâce, pendant que nous célébrons sa mémoire avec joie, d'être délivrés par son intercession des maux présens et de la mort éternelle. Par le même J.-C. N. S.

LE SALVE EN BASQUE.

Agur, erreguina, urricalmenduzco ama, gure bicia, gure goçoa eta gure esperança, agur. Çure ganat gaude deyaz, gu Ebaren ume desterratuac; çure ganat gaude hasgorapenez, guciac auhenetan eta nigarretan hondaturic nigarrezco leku huntan. Eia bada, gure abocata, itçulçatçu gu ganat çure begui urricalmendutsu horiec; eta desterru huntaric ilkitcen garenean, eracuts dieçaguçu Jesus çure sabeleco fruitu benedicatua. O! ama guciz bihotz samurra! O! ama guciz urricalmendutsua! O! Birgina Maria guciz eztia eta goçoa!

℣. Othoitz eguiçu gurutçat, ô Jaincoaren ama guciz saindua.

I. Mereci decaguncat Jesus-Christoc aguidu dauzkigun onthasun handiez goçatcea.

OTHOITÇA.

O! bethi danic çaren Jainco guciz botheretsua! Izpiritu sainduaren obraz eta eguinçaz aphaindu cinituen birjina ama Maria gloriosaren gorphutza eta arima, Jesus-Christo çure semeari çagoçon beçalaco egoitça bat içan çadinçat: eguiçu beraz, haren orhoitçapena errespetu eta bozcario guciareguin ohoratcen dugunac, libratuac içan guiten haren artecotasunaz, oraico gaitzetaric eta seculaco heriotcetic; galdetcen darotçugu Jesus-Christo hartaz beraz. Halabiz.

LE SUB TUUM EN LATIN (1).

Sub tuum præsidium confugimus, sancta Dei genitrix: nostras deprecationes ne despicias in necessitatibus; sed à periculis cunctis libera nos semper, Virgo gloriosa et benedicta. Amen.

LE SUB TUUM EN FRANÇAIS.

Nous avons recours à votre assistance, sainte Mère de Dieu: ne méprisez pas les prières que nous vous faisons dans nos nécessités; mais délivrez-nous en tout temps de tous périls, ô Vierge remplie de gloire et de bénédiction. Ainsisoit-il.

LE SUB TUUM EN BASQUE.

Çure gomendioan pharatcen gare, Jaincoaren ama saindua: ez ditçatçula arbuya gure behar orduetan eguiten deraitçugun othoitzac; bainan libra gaiçatçu hirriscu gu-

(1) Cette prière se récite à la fin des Exercices.

cietaric, ô Birjina ohoragarria eta benedicatua ! Halabiz.

PRIÈRE POUR LES MORTS (1).

Prions Dieu pour nos parents et nos bienfaiteurs qui sont morts.

De profundis clamavi ad te, Domine : Domine, exaudi vocem meam.

Fiant aures tuæ intendentes : in vocem deprecationis meæ.

Si iniquitates observaveris Domine. Domine quis sustinebit ?

Quia apud te propitiatio est : et propter legem tuam sustinui te, Domine.

Sustinuit anima mea in verbo ejus : speravit anima mea in Domino.

A custodia matutina usque ad noctem : speret Israël in Domino.

Quia apud Dominum misericordia : et copiosa apud eum redemptio.

Et ipse redimet Israël : ex omnibus iniquitatibus ejus.

℣. Requiem æternam dona eis Domine.

℟. Et lux perpetua luceat eis.

(1) En récitant vers le Soir à genoux le *De Profundis*, on peut gagner pour les Morts cent jours d'Indulgence. (Pie VI, Mars 1781).

℣. A porta inferi.

℟. Erue Domine animas eorum.

℣. Requiescant in pace. ℟. Amen.

℣. Domine exaudi orationem meam.

℟. Et clamor meus ad te veniat.

OREMUS.

Fidelium Deus, omnium conditor et redemptor animabus famulorum famularumque tuarum, remissionem cunctorum tribue peccatorum, ut indulgentiam quam semper optaverunt, piis supplicationibus consequantur. Quis vivis et regnas in sæcula sæculorum. Amen.

ORAISON A LA SAINTE VIERGE,

Pour lui recommander notre Ame.

O Domina mea! sancta Maria, me in tuam benedictam fidem, ac singularem custodiam, et in sinum misericordiæ tuæ, hodiè et quotidiè, et in horâ exitûs mei, animam meam et corpus meum tibi commendo. Omnem spem et consolationem meam, omnes angustias et miserias meas, vitam et finem vitæ meæ tibi committo, ut per tuam sanctissimam intercessionem et per tua merita, omnia mea dirigantur et disponantur opera, secundùm tuam tuique Filii voluntatem. Amen.

Maria sine labe concepta, ora pro nobis!!!

LA MÊME EN FRANÇAIS.

O Sainte Marie, ma souveraine maîtresse, je me remets sous votre aimable protection, je m'abandonne à votre garde singulière, et je me jette dans le sein de votre miséricorde aujourd'hui, tous les jours de ma vie et à l'heure de ma mort. Je vous recommande mon âme et mon corps, je vous remets toute mon espérance et ma consolation, toutes mes peines et mes misères, ma vie et la fin de ma vie, afin que par votre très-sainte intercession et par vos mérites, toutes mes actions soient dirigées et disposées selon votre volonté et celle de votre fils. Ainsi soit-il.

Marie conçue sans péché, priez pour nous!!!

LA MÊME EN BASQUE.

O Maria Saindua, ene Andre soberanoa, ematen naiz çure protectione maithagarriaren azpian, abandonatcen dut ene burua çure artha bereciari, eta ardikitcen naiz çure misericordiazco galçarrerat egun eta bethi eta ene heriotceco orenean. Çure gemendioan eçartcen ditut ene arima, ene gorphutça, çu baithan pausatcen ene consolacione eta esperantça gucia, ene pena eta miseria guciac, ene bicia eta ene azken fina; amorea gatic eta çure arartecotasunaz eta çure merecimenduez, ene accioneac oro içan diten guidatuac eta disposatuac çure et çure semearen borondatearen arabera. Halabiz.

Maria bakhaturic gabe concebitua, othoitz eguiçu guretçat!!!

PRIÈRE

DE SAINT BERNARD A LA SAINTE VIERGE.

Memorare, ô piissima Virgo Maria, non esse auditum à sæculo quemquem ad tua currentem præsidia, tua implorantem auxilia, tua petentem suffragia, esse derelictum. Ego, tali animatus confidentia, ad te, Virgo virginum Mater, curro; ad te venio, coram te gemens peccator assisto. Noli, Mater verbi, verba mea despicere; sed audi propitia, et exaudi. Amen.

LA MÊME EN FRANÇAIS.

Souvenez-vous, ô douce Vierge Marie, dont la bonté est incomparable, qu'il est inoui qu'aucun de ceux qui ont eu recours à votre protection, qui ont imploré votre secours, et qui ont demandé le suffrage de vos prières, aient été méprisés et abandonnés de vous. Animé de cette confiance, ô Vierge des vierges, ma tendre Marie, j'accours à vous, j'y viens avec empressement, et je me présente à vos yeux, tout pécheur que je suis, mais la douleur dans le cœur. O Mère du Verbe divin, ne méprisez pas ma prière, mais au contraire, rendez-vous proprice à mes vœux, daignez m'écouter et m'exaucer. Ainsi soit-il.

LA MÊME EN BASQUE.

Orhoit çaite, ô Birjina Maria, guciz ona eta urricalmenduxua! ez dela egundaino aditu çure gueriça saindurat laster eguin duenic, çure laguntça galdetu duenic, çure ararteco-tasuna bilhatu duenic, nehor içan dela abandonatua : ni ere ô Birjina, Birjina ama gloriosa! fidantcia beraz gogo gucia azcarturic çure ganat heldu naiz, çure ganat laster eguiten dut, nere bekhatuez auhen minetan çure oinetarat erortcen naiz ; ez deçaçula , ô Berboaren Ama , nere othoitça arbuya , bainan fagorezki adi eta entçun çaçu. Halabiz.

ORAISON A SAINT JOSEPH.

Ave, Joseph, gratiâ plene ; Jesus et Maria tecum ; benedictus tu in hominibus, et benedictus fructus sponsæ tuæ, Jesus. Sancte Joseph, pater nutritie Jesu, et beatæ Virginis Mariæ sponse, ora pro nobis clientibus tuis, nunc et in horâ mortis nostræ. Amen.

Sancte Joseph, in sponsum Mariæ præ omnibus electe, ora pro nobis.

LA MÊME EN FRANÇAIS.

Je vous salue, Joseph, plein de grâce, Jésus et Marie sont avec vous ; vous êtes béni entre tous les hommes, et Jésus, le fruit des entrailles de votre épouse, est béni.

Saint Joseph, père nourricier de Jésus, et époux de la bienheureuse Vierge Marie, priez pour nous, vos clients, maintenant et à l'heure de notre mort. Ainsi soit-il.

Saint Joseph, choisi préférablement à tous les hommes pour être l'époux de Marie, priez pour nous.

LA MÊME EN BASQUE.

Agur, Joseph, graciaz bethea; Jesus eta Maria dire çurekin; benedicatua çare guiçon gucien artean, eta benedicatua da çure esposaren sabeleco fruitua, Jesus.

Joseph saindua, Jesusen aita hazlea, eta Birjina Maria dohatsuaren esposa, eguiçu othoitz gu çure gomendioaren azpian garementçat, orai eta gure heriotceco orenean. Halabiz.

San Joseph, guiçon gucien artean preferentciaz hautatua Mariaren espos içateco othoitz eguiçu guretçat.

ACTE DE CONSÉCRATION

A SAINT LOUIS DE GONZAGUE,

Que tous les Écoliers doivent faire souvent, et surtout au jour de sa Fête, le 21 juin.

Sancte Aloysi, patrone scholasticorum, ora pro nobis.

Sancte Aloysi, honor et gloria juventutis, tuere nos.

O sanctissime Aloysi Gonzaga, eximiæ puritatis amator, Deo dilectissime, et beatissimæ Virgini Dei paræ semper charissime, ego te coram omnipotenti Deo, sanctissimâ Virgine Mariâ, et totâ benè juvante cœlesti curiâ, in meum specialem patronum et singularem apud Deum advocatum eligo; in fidissimum castimoniæ, pietatis, modestiæ ac cæterarum à me excolendarum virtutum custodem, in indefessum studiorum meorum et vocationis meæ ducem et promotorem, deniquè in perpetuum meæ totius agendi rationis et salutis æternæ tutorem suscipio, adopto, et toto mentis affectu assero; tuam humiliter benignitatem deprecans, ut patrocinio tuo et clientelæ in posterum consecratus, per universum vitæ meæ curriculum, et in tremendo præsertim obitûs mei die, efficacia protectionis tuæ dona expertus sentiam. Amen.

LA MÊME EN FRANÇAIS.

Saint Louis de Gonzague, Patron des Écoliers, priez pour nous.

Saint Louis, l'honneur et la gloire de la jeunesse, protégez-nous.

Grand saint Louis de Gonzague, vous qu'une pureté angélique a rendu si agréable aux yeux de Dieu et si cher à la Reine des Vierges, je me mets spécialement sous votre protection, et je vous choisis aujourd'hui, à la face du ciel, en présence de la bienheureuse Vierge Marie et de toute la cour céleste, pour mon patron et mon intercesseur auprès de Dieu ; soyez, je vous en conjure, le défenseur et le gardien de mon innocence, mon guide et mon conseil dans le choix d'un état de vie. O vous ! qui êtes un modèle accompli de toutes les vertus, obtenez-moi la grâce d'imiter votre ferveur, votre pureté, votre modestie, et toutes les vertus que je dois pratiquer dans mon état. Daignez, grand Saint, être l'Ange tutélaire de mes jours, et mon guide dans les voies du salut. Faites, ô mon aimable protecteur ! que vous étant particulièrement dévoué, par cette consécration que je vous fais de moi-même, j'éprouve les effets de votre protection spéciale pendant tout le cours de ma vie, et surtout à ce terrible moment qui décidera de mon éternité. Ainsi soit-il.

LA MÊME EN BASQUE.

San Luis Gonzagacoa, escolieren patroina, othoitz eguiçu guretçat.

San Luis! gazteriaren ohorea eta gloria, othoitz eguiçu guretçat.

San Luis Gonzagaco handia, ainguerua-ren pareco garbitasun batec hain miretsgarri Jaincoaren beguietan, eta hain maithagarri Birjinen Erreguinaren baithan, eguin cituena, ematen naiz çure laguntça bereciaran azpian, hautatcen çaitut, Ama Birjinaren eta ceruco gorthe guciaren bistan, ene Patrointçat eta arartecotçat Jaincoaren aldean; içan çaite, othoi, ene istudioetan nere guidari, eta ene bicico estatuaren hantuan nere conseilari. O çu berthute gucien miraila, ardiets dieçadaçu gracia ene estatuco eguinbideac eçaguturic, imita ditçadan çure kharra, çura garbitasuna, çure modestia eta bertce çuc praticatu ditut-çun berthuteac. O Saindu handia! eguidaçu fagorea çu içaiteco ene egunen ainguerù be-guiralea, eta salbamenduco bidean ene guida: Eguiçu, ô ene laguntçale maitea! ene buruaz eguiten darotçudan consecracione huntaz, ene bici gucian, eta guciz ene eternitaterat pasatceco memento terrible hartan, senti detçadan çure laguntçaren efetuac. Halabiz.

INDULGENCES QU'ON PEUT GAGNER.

Ceux qui ont l'habitude de se saluer, en Latin ou en Français ou en Basque, par la formule ci-après, gagnent cent jours d'Indulgence. (Sixte V, 11 juillet 1587, et Benoît XIII, 12 janvier 1728.)

D. Laudetur Jesus-Christus! *R.* Amen.

LA MÊME EN FRANÇAIS.

D. Jésus-Christ soit loué! *R.* Ainsi soit-il.

LA MÊME EN BASQUE.

D. Laudatua içan bedi Jesu-Christo! *R.* Halabiz.

D. Loué et adoré soit à jamais notre Seigneur Jésus-Christ au Ciel et dans le très-saint Sacrement de l'Autel! *R.* Ainsi soit-il. (*Cent jours d'Indulgence*. On peut les appliquer aux fidèles défunts). (Pie VI, 26 mai 1776, et Pie VII, 30 juin 1818).

LA MÊME EN BASQUE.

D. Laudatua eta adoratua içan bedi Jesu-

Christo gure Jauna ceruan eta aldareco sacramendu sainduan! *R*. Amen, dela orai eta bethiere.

Ceux qui font dévotement les trois invocations suivantes, peuvent gagner trois cents jours d'indulgence, et cent jours seulement, si on ne fait qu'une de ces invocations. On peut les appliquer aux défunts. (Pie VII, 2 août 1807).

Jésus! Marie! Joseph!

Je vous donne mon cœur, je vous donne ma vie;

Jésus! Marie! Joseph!

Venez à mon secours, lors de mon agonie;

Jésus! Marie! Joseph!

Qu'avec vous, dans la paix, je termine ma vie;

LA MÊME EN BASQUE.

Jesus! Maria! Joseph!

Ematen darotçuet ene bihotça, ematen darotçuet ene bicia,

Jesus ! Maria ! Joseph !

Çatozte ene laguntcera ene agoniaco demboran.

Jesus ! Maria ! Joseph !

Eguiçue akhaba deçadan çuekin ene bicia bakean.

CONCLUSION

ET

DIVERS AVIS AUX INSTITUTEURS, INSTITUTRICES, ETC.

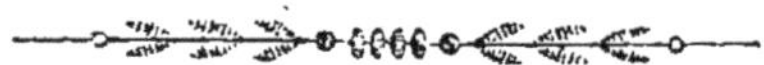

Si j'ai terminé mon Ouvrage par de petites Prières, c'est que j'en ai senti depuis long-temps le vide dans nos livres élémentaires, et je ne doute pas que les Maîtres ne les y envisagent comme un bienfait pour les Écoles, comme une amélioration apportée aux Exercices deP iété ; car, qui ignore que le premier devoir de la créature envers son Dieu, est un devoir dont la pratique a été toujours avantageuse, toujours honorable à l'homme ordinaire, aux grands génies, aux cœurs nobles, aux âmes généreuses. Saint Paul, dont la philosophie, la science et l'autorité en matière de Religion ne sont point équivoques, dit : que la Piété est utile à tout, et que les promesses qui lui sont faites des récompenses éternelles, ne sont point un obstacle aux avantages de la vie présente (1).

Quelle idée plus grande, plus solennelle, plus sublime que l'idée de Dieu, pour faire naître le germe inappréciable d'une Piété solide; comme c'est de cette idée que dépend toute la vie morale, de même si elle est faussée, elle devient la source de malheurs inévitables dont la pensée épouvante. Les hommes qui se sont occupés d'éducation, ont tous senti combien il est difficile de communiquer à de jeunes enfants la connaissance des souveraines perfections de Dieu; mais il ne faut pas oublier que l'enfant, dans cet immense concert que toute la nature rend à Dieu, a aussi sa petite prière pour glorifier son Créateur, et qu'une mère trouve dans son cœur ses plus doux enseignements pour révéler Dieu à ses enfants chéris, puisque la nourriture qu'elle leur offre, le vêtement dont elle les couvre, tout lui sert pour leur apprendre à aimer Dieu, dont la providence infinie se manifeste de toutes parts.

(1) Pietas ad omnia utilis est, promissionem habens vitæ quæ nunc est, et futuræ. (Tim. v).

Travaillons donc sans cesse, nous aussi, Maîtres, à implanter dans les jeunes cœurs confiés à nos soins l'esprit de prière; bannissons loin de nous cette philosophie du dernier siècle, cette théorie qui nie l'utilité de la prière, qui n'est autre chose que l'Athéisme formel, ou qui n'en diffère que de nom. Attachons-nous inviolablement à l'incomparable philosophie de l'Evangile, à ce guide infaillible; exposons aux enfants les bienfaits terrestres dont Dieu les comble depuis leur naissance, montrons-leur les lois admirables de l'univers et toutes les merveilles de la nature. Disons-nous : *plus notre œuvre se développera, plus les fruits en seront abondants, plus nous comprendrons l'importance et l'efficacité de nos hautes fonctions;* sachons que la sanction du succès n'est pas seulement un encouragement, mais qu'elle nous dicte des devoirs que nous devons constamment et fidèlement remplir jusqu'à la fin de notre pénible carrière.

Comprenons bien la dignité de notre état; d'imposantes Autorités, des Princes, des Rois en ont rempli les fonctions; Jésus-Christ lui-même, a illustré cette profession sainte et sacrée, quand il appelait à lui les enfants.

A Dieu ne plaise que je m'entoure de la pensée qu'aucun membre du respectable corps enseignant, soit un traître à sa propre cause, que l'inconstance ou qu'un manque de sentiment de sa dignité provoque une honteuse défection, qu'il donne jamais lieu à des chutes éclatantes qui, non-seulement déshonorent le corps dont il fait partie, mais encore scandalisent toute une Ville, toute une Province, abstraction faite de la plus pernicieuse leçon qu'il donne à la troupe innocente remise à sa garde. S'il en était ainsi, ce serait une trahison à sa propre mission; un pareil scandale serait promptement réprimé par la vigilance active des autorités compétentes, blâmé par les gens de bien, baffoué par la société toute entière, et ce scandale, je le dis hautement, ne saurait être trop énergiquement flétri par la sollicitude paternelle de notre vénérable Clergé.

Ne soyons donc pas, Mes très-chers Confrères, déserteurs d'une si honorable carrière; méritons par notre dévouement la vénération des parents; gagnons par notre affection paternelle les cœurs des enfants, imposons à ces tendres agneaux un respect mêlé d'amour et de crainte.

Mais, me dira-t-on peut-être : nous avons usé notre esprit, nous avons sacrifié notre santé, et nous avons toujours été payés d'ingratitude. Cela ne m'étonne point. Écoutez conséquemment, jeunes et aimables Instituteurs, écoutez celui dont les cheveux ont blanchi avec dévouement dans l'honorable carrière que vous avez embrassée, ils ont, ces cheveux blancs, passé depuis trente ans par toutes les phases que vous allez parcourir (si Dieu vous donne vie). J'ai beaucoup avalé d'amertume et du côté des parents ingrats, et du côté des enfants insubordonnés, et du côté du monde, etc. Je n'ai cependant jamais pensé que je dusse dévier du chemin de mes devoirs; avec l'aide de la grâce de Dieu, je touche à la 53me de mon âge. Il est vrai pourtant que j'ai été au-devant de quelques ovations, ç'a été sans doute le fruit de quelques semences que Dieu, dans son inépuisable bonté, pouvait avoir permis que je jetasse lorsque j'étais jeune comme vous; répandez par conséquent la bonne semence tant que vous serez dans la force de l'âge, et si vous cherchiez autre chose que Dieu, vous pourriez un jour vous trouver amplement récompensés par l'ovation de quelques lauriers terrestres.

Faut-il pour cela se dégoûter, se décourager, se laisser vaincre par les insinuations des pensées noires? non, mille fois non; nous devons connaître les devoirs de notre état et avoir le courage de les remplir; élevons nos cœurs plus haut que la terre; le Sauveur promet une place distinguée dans ses tabernacles éternels à ceux qui enseignent sa loi à ses enfants; élevons par conséquent nos voix comme une trompette; n'oublions pas qu'il est dit qu'au jugement de Dieu, l'âme du Maître répondra de celle du disciple; travaillons avec résignation et sans cesse à cette œuvre divine, nous jouirons du succès de notre ouvrage; pour recueillir après l'orage, nous devons semer dans la tempête.

Redoublons notre vigilance, nos efforts, pour enseigner à ces jeunes troupeaux les actes les plus importants de la vie; apprenons-leur à adorer Dieu, à l'aimer, à le servir, à aimer leurs parents, à leur obéir, à leur plaire, à soulager leurs semblables, à se sacrifier pour la patrie, et, avant tout, à mourir, s'il le faut, pour la Religion Catholique, Apostolique et Romaine; qu'ils sachent, ces objets de notre sollicitude, ces enfants de Dieu: qu'*heureux est celui qui, dans le temps, perd sa vie pour l'amour de Dieu*, puisqu'il est bien sûr de la retrouver un jour pour *toute l'Éternité* (1); qu'ils marchent courageusement et sans faiblir sous la bannière de l'homme-Dieu, se souvenant sans cesse que *celui qui le renie devant les hommes, sera renié par lui devant son père.*

Mais ne nous bornons pas à l'instruction de nos élèves; nourrissons et fortifions notre esprit, notre cœur par les sublimes vérités dont nous pouvons nous approvisionner par tant de manières, remplissons notre mission avec zèle; rendons dès le matin notre journée fructueuse, non-seulement en offrant à Dieu notre propre travail, mais aussi celui des enfants que nous allons diriger et dont nous sommes responsables; rendons-nous compatibles avec les autorités, soyons-leur prévenants; prenons pour notre boussole de moralité le respectable corps du Clergé; n'oublions pas que c'est ce même corps qui a mis-

(1) Qui perdiderit animam suam propter me, salvam faciet eam. (Marc VIII, v. 35).

sion immédiate du Sauveur pour enseigner les nations, et que nous en sommes les auxiliaires pour opérer le bien et pour travailler avec eux à la vigne du Seigneur ; c'est en faisant ainsi, que nous pourrons espérer que Dieu nous recevra un jour dans ses greniers éternels.

Ce dont je vais vous entretenir dans cette phrase vous paraîtra peut-être indigne de votre attention, mais rien n'étant à mes yeux sans importance dans l'éducation, je me permettrai de vous dire que je pense qu'un Maître ne saurait être trop attentif, trop soigneux, trop exigeant pour donner aux enfants les bonnes habitudes de propreté ; il ne doit pas se borner à parler, il faut que, non-seulement la Propreté du corps attire son attention, mais encore les vêtements doivent être soumis à son investigation, et entretenus dans un état constant de propreté ; il ne doit pas oublier que les vieux habits, pourvu qu'il n'y ait point de déchirures et qu'ils soient propres, ne déparent point l'enfance, qu'au contraire les reprises et les pièces font l'éloge de la mère de famille. Quelque pauvre que soit une mère, elle peut toujours tenir ses enfants propres; l'eau ne coûte que la peine d'aller la puiser. D'ailleurs la propreté du corps est une honnête parure annonçant d'ordinaire une certaine modestie dans les mœurs et notre vénération pour Dieu, et il est certain, qu'outre une grande vertu sur la santé publique, les habitudes de propreté ont une influence salutaire sur l'état de l'âme; je crois aussi qu'il est du ressort d'un bon Maître de veiller aux devoirs religieux des enfants, si toutefois il se rencontrait des parents assez relâchés pour négliger de faire approcher leurs enfants du Tribunal de la Pénitence et de les faire accoutumer à des habitudes sans lesquelles il n'est pas possible d'atteindre à la hauteur de la félicité. (*Il est bien entendu que je veux parler ici des familles qui professent la Religion Catholique*).

Enfin, mes très-honorables Confrères, la foi nous enseigne qu'il y a un lieu où les âmes des Fidèles trépassés expient les fautes légères dont ils n'ont pas achevé la pénitence pendant la vie. Cette idée a fait naître chez moi des sentiments de compassion pour les âmes de tant de vénérables vieillards, de nos prédécesseurs, qui ont donné le spectacle édifiant

» de leur abnégation dans la pénible, mais honorable profession que nous sommes fiers » d'exercer.

L'esprit de charité dont je me sens animé, me défend de supposer qu'il existe dans nos rangs aucun individu qui, voyant des yeux de la Foi ces goufres d'expiation, ne s'empresse de tendre la main à nos frères que la sévérité de la justice divine punit par des peines si horribles. Ces âmes appartienent à Dieu, leurs maux sont extrêmes; abrégeons leurs peines, faisons monter vers le trône de la justice de Dieu, une fois par semaine, ou du moins une fois par mois, la fumée de la prière de l'innocente troupe qui nous entoure, avec elle récitons, pour cet effet alternativement, le Pseaume *De Profundis* avec les versets et l'oraison, qui se trouvent *page* 144.

Formons chaque fois l'intention de secourir spécialement les âmes de ceux et celles qui, dans notre département, ont terminé leurs jours dans le haut emploi d'éclairer sur la Religion Catholique les jeunes intelligences.

Sachons que c'est notre intérêt, que nous gagnerons beaucoup en soulageant ces saintes âmes, qu'elles prieront pour nous au milieu même de leurs flammes; qu'elles nous aimeront comme leurs libérateurs, et que devenues à leur tour nos libératrices, elles pourront un jour nous recevoir avec joie quand nous entrerons dans le Ciel. Quant à moi, très-honorables Messieurs, j'ai l'honneur de vous déclarer que, dès aujourd'hui, pour toute ma vie, je prends l'engagement formel d'exécuter, autant qu'il sera en moi, ce que j'ai pris la liberté de vous exhorter à faire.

Quand les traits acérés des chagrins blessent, déchirent nos cœurs, rappelons-nous que nous avons au Ciel une sensible mère dont le cœur soupire avec les nôtres; adressons-nous avec une pleine confiance à Marie, la tempête ne tardera pas à s'enfuir, la paix à descendre dans notre âme; déposons au sein maternel de cette reine des vertus, de ce refuge des pécheurs, nos peines, nos larmes, notre repentir, et bientôt le père éternel laissera échapper de ses mains les armes que son juste courroux allait diriger sur nous à cause de nos infidélités. Faisons frémir le prince des ténèbres en remettant le trésor le plus précieux des familles, ces enfants qui ne sont en quelque sorte que les uniques objets de nos soins, à la garde de la puissante, de la prévoyante main de notre mère commune, à celle qui a été la dépositaire, la nourrice, en un mot la mère de notre Sauveur. Tendre Marie ! veillez sur nous, montrez-vous toujours notre mère, daignez nous secourir et conserver la tendre innocence de vos enfants chéris. Ainsi soit-il.

GRAMMAIRE

FRANÇAISE

PAR DEMANDES ET PAR RÉPONSES,

Faisant suite à l'Introduction à la Langue Basque et à la Langue Française, destinée spécialement pour les Écoles du Pays Basque,

Par A. HIRIART,

Maître de Pension, à USTARITZ.

BAYONNE,

IMPRIMERIE DE VEUVE CLUZEAU, PLACE D'ARMES, N° 6.

FRANÇAISE

INTRODUCTION.

D. Qu'est-ce que la Grammaire?

R. La *Grammaire* est le livre des règles qui enseignent l'art de parler et d'écrire correctement.

Parler et écrire, c'est exprimer sa pensée par des mots.

D. Qu'est-ce qu'un mot?

R. Un *mot* est un *tout* d'une ou de plusieurs syllabes. Il y a six mots dans : *nous admirons les œuvres de Dieu.*

D. De quoi sont composés les mots?

R. Les *mots* sont composés de *lettres.*

D. Combien l'Alphabet français *comprend-il de* lettres ?

R. L'*Alphabet français* comprend *vingt-cinq lettres* qui se divisent en *voyelles* et en *consonnes.*

D. Combien compte-t-on de lettres voyelles?

R. On compte six lettres *voyelles*, savoir : *a*, *e*. *i*, *o*, *u*, *y* ; on les appelle *voyelles* à cause de leur *son vocal*.

D. Qu'est-ce que le son vocal ?

R. Le *son vocal* est le bruit qui frappe nos oreilles quand quelqu'un parle ; les voyelles, quand on les nomme, produisent un son sans le secours des consonnes.

D. Combien y a-t-il de lettres consonnes ?

R. On compte dix-neuf lettres consonnes, qui sont : *b*, *c*, *d*, *f*, *g*, *h*, *j*, *k*, *l*, *m*, *n*, *p*, *q*, *r*, *s*, *t*, *v*, *x*, *z*. On les appelle *consonnes*, parce qu'aucune de ces lettres ne peut être nommée sans y joindre une *voyelle*.

D. Qu'est-ce qu'une syllabe ?

R. Une *syllabe* est un son simple exécuté par l'organe de la parole, lorsqu'on prononce par une seule émission de voix, une lettre ou plusieurs lettres réunies. Ainsi : le mot *sacrement* a trois syllabes, *sa-cre-ment* ; le mot *connaissance* en a quatre : *con-nais-san-ce*.

D. Comment appelle-t-on les mots d'une syllabe *et les mots de plusieurs* syllabes ?

R. Un mot d'une seule *syllabe* s'appelle *monosyllabe*, et celui de plusieurs *syllabes*, *polysyllabe*.

*D. Combien distingue-t-on de sortes d'*e ?

R. On distingue trois sortes d'*e*, savoir : l'*e* muet, l'*é* fermé et l'*è* ouvert.

*D. Faites-moi connaître l'*e *muet ?*

R. L'*e* muet est celui qui n'a qu'un son sourd et peu sensible, comme à la fin de ces mots : *Rose*, *Forme*, etc.

*D. Faites-moi connaître l'*é *fermé ?*

R. L'*é* fermé est celui qui se prononce la bouche presque fermée, comme dans ces mots : *Été*, *Vérité*, etc.

D. Veuillez me faire connaître l'è ouvert?

R. L'*è* ouvert est celui qu'on prononce en ouvrant la bouche et en desserrant les dents, comme dans *Succès, Accès, Procès*, etc.

*D. Combien emploie-t-on d'*accents *dans l'écriture?*

R. On emploie trois sortes d'*accents:* l'accent *aigu*, qui se met de droite à gauche sur les *é* fermés, comme dans *Sincérité;* l'accent *grave*, qui se met de gauche à droite sur les *è* ouverts, comme dans *Abcès, Père;* l'accent *circonflexe*, qui se forme de la réunion de l'accent *aigu* et de l'accent *grave*, comme dans *Bêche, Apôtre*, etc.

D. Qu'y a-t-il à remarquer sur la lettre h?

R. La lettre *h* est *muette*, lorsqu'elle ne se fait point sentir dans la prononciation, comme dans ces mots: l'*Hommage*, l'*Histoire*, etc.; et elle est aspirée, lorsqu'elle fait prononcer du gosier la voyelle qui suit, comme dans ces mots: le *Hameau*, le *Héros*, etc.

DÉFINITIONS

DES PARTIES DU DISCOURS.

D. Combien y a-t-il, dans la Langue Française, de sortes de mots?

R. Il y a dans la Langue Française dix sortes de mots qu'on appelle les parties du discours, savoir: le *substantif*, l'*article*, l'*adjectif*, le *pronom*, le *verbe*, le *participe*, l'*adverbe*, la *préposition*, la *conjonction* et l'*interjection*.

D. Qu'est-ce que le substantif?

R, Le substantif ou nom, sert à exprimer tout ce qui existe dans la nature ou dans notre esprit.

D. Qu'est-ce que l'article?

R. L'article est un mot qui se place devant le substantif commun, pour désigner qu'il va être pris dans un sens déterminé.

D. Qu'est-ce que l'adjectif?

R. L'adjectif est un mot qui sert à exprimer les qualités du substantif, et les différentes manières d'être sous lesquelles on le considère.

D. Qu'est-ce que le pronom?

R. Le pronom est un mot qui rappelle l'idée du substantif, ou bien qui remplace le substantif que l'on ne veut pas répéter.

D. Qu'est-ce que le verbe?

R. Le verbe est un mot qui, le plus souvent, affirme l'existence ou l'état, ou exprime une action.

D. *Qu'est-ce que le participe?*

R. Le participe est un mot qui tient du verbe et de l'adjectif, comme: *Étant*, *Lisant*, *Chanté*, *Estimé*.

D. *Qu'est-ce que l'adverbe?*

R. L'adverbe est un mot qui sert à ajouter une idée à la signification du mot auquel il est joint.

D. *Qu'est-ce que la préposition?*

R. La préposition est un mot qui sert à unir deux mots pour établir un rapport entr'eux.

D. *Qu'est-ce que la conjonction?*

R. La conjonction sert à lier un mot à un autre mot, ou une proposition à une autre proposition.

D. *Qu'est-ce que l'interjection?*

R. L'interjection est un mot qui sert à exprimer les mouvements subits de l'âme, tels que: la joie, la douleur, l'indignation, etc. Ah! hélas! eh! etc.

D. *Les mots ne se divisent-ils pas en mots* variables *et en mots* invariables?

R. Le *substantif*, l'*article*, l'*adjectif*, le *pronom*, le *verbe* et le *participe*, sont *variables*; et l'*adverbe*, la *préposition*, la *conjonction* et l'*interjection*, sont *invariables*.

CHAPITRE PREMIER.

Du Substantif, première espèce de mot.

D. Qu'est-ce qu'un substantif *ou* nom?

R. Le *substantif* sert à exprimer tout ce qui existe dans la nature ou dans notre esprit. La *Terre*, le *Soleil*, la *Lune*, existent dans la nature. La *Vertu*, le *Vice*, l'*Envie*, sont dans notre esprit.

D. Combien y a-t-il de sortes de substantifs ou noms?

R. Il y a deux sortes de substantifs ou noms : le nom commun et le nom propre ou individuel.

D. Qu'est-ce que le substantif commun?

R. Le substantif commun est celui qui convient à tous les êtres *ou* à toutes les choses d'une même espèce.

Le substantif *enfant*, convient à tous les enfants; donc *enfant*, est un substantif commun; *homme*, convient à tous les hommes; donc *homme*, est un substantif commun; *injustice*, convient à toutes les injustices; donc *injustice*, est un substantif commun.

D. Qu'est-ce que le substantif propre ou individuel?

R. Le substantif ou nom propre, est celui qui ne convient pas à tous les êtres de la même espèce, ou bien qui ne convient qu'à un seul individu, comme: *Bernard*, *Bayonne*, la *France*, la *Nive*.

D. Qu'est-ce que le nom collectif et le nom partitif?

R. Le nom collectif est celui qui, faisant un tout, désigne une collection ou réunion de plusieurs personnes ou de plusieurs choses; le nom partitif ne désigne que la partie d'un tout; *Peuple, Armée, Multitude*, sont appelés collectifs, à cause de la réunion des personnes et des choses; mais une *Foule* de *soldats*, une *Troupe* de *misérables*, sont des noms partitifs, parce qu'ils marquent une partie d'objets ou d'individus; si le nom collectif représente la totalité des individus ou des objets dont on parle, comme la *Foule* des *soldats*, la *Troupe* des *misérables*, on l'appelle *collectif général.*

Du genre des Noms.

D. Qu'est-ce que le genre, et combien y en a-t-il?

R. La distinction des sexes fait ou constitue le genre; il y a donc deux genres: le *masculin*, quand on parle d'hommes ou d'êtres mâles; le féminin, quand on parle de femmes ou d'êtres femelles. Tous les substantifs devant lesquels on peut mettre *le* ou *un*, sont du genre masculin: *le* Lion, *un* Loup, *le* Canif, *le* Soleil. Tous les substantifs devant lesquels on peut mettre *la* ou *une*, snot du genre féminin: *la* Poule, *une* Colombe, *la* Chaise, *la* Place.

Du nombre des Noms.

D. Combien peut-il y avoir de nombres dans les substantifs?

R. Il peut y avoir deux nombres, le *singulier* et le *pluriel*: le singulier, quand on parle d'une seule personne ou d'une seule chose, comme: un *Homme*, un

Livre ; le pluriel, quand on parle de plusieurs personnes ou de plusieurs choses, comme: les *Hommes*, les *Livres*, etc.

D. Comment forme-t-on le pluriel des noms?

R. On le forme: 1° en ajoutant *s* à la fin du singulier: le *Père*, les *Pères;* le *Doigt*, les *Doigts;* la *Ville*, les *Villes ;* 2° les noms terminés au singulier par *s*, *x*, *z*, ne changent pas au pluriel: le *Fils*, les *Fils ;* le *Nez*, les *Nez;* la *Voix*, les *Voix ;* le *Crucifix*, les *Crucifix*, etc.; 3° les substantifs en *au*, en *eu*, et quelques-uns en *ou*, prennent encore un *x* au pluriel: l'*Oiseau*, les *Oiseaux ;* le *Lieu*, les *Lieux ;* le *Tuyau*, les *Tuyaux;* le *Hibou*, les *Hiboux;* le *Chou*, les *Choux;* le *Caillou*, les *Cailloux;* le *Genou*, les *Genoux;* le *Verrou*, les *Verroux;* le *Pou*, les *Poux ;* les autres noms terminés en *ou*, prennent *s:* le *Clou*, les *Clous;* le *Licou*, les *Licous*, etc.; 4° la plupart des noms terminés au singulier par *al*, *ail*, font leur pluriel en *aux:* le *Mal*, les *Maux ;* le *Cheval*, les *Chevaux;* mais *Détail*, *Éventail*, *Portail*, etc., suivent la règle générale (1) ; 5° *OEil*, *Ciel*, *Aïeul*, font au pluriel: *Yeux*, *Cieux*, *Aïeux*. On dit cependant au pluriel : des *Ciels* de lit, des *OEils* de bœuf (petite lucarne).

Remarque première. Il y a plusieurs substantifs qui n'ont que le singulier, ce sont: 1° l'*Or*, l'*Argent*, le *Plomb*, etc.; 2° la *Foi*, la *Sincérité*, la *Charité*, etc.; 3° d'autres qui ne s'emploient qu'au pluriel, tels que: *Ciseaux*, *Mœurs*, *Vêpres*, *Ancêtres*, etc.

Remarque 2me. Plusieurs substantifs se disent éga-

(1) Il faut consulter un bon *Dictionnaire* pour toutes ces sortes de mots.

lement des hommes et des femmes sous la même inflexion : *Docteur, Auteur, Témoin, Imprimeur, Vainqueur, Assassin, Censeur,* etc. ; c'est-à-dire qu'ils sont les mêmes pour le féminin que pour le masculin.

REMARQUE 3me. Tous les substantifs et les adjectifs terminés par *ant* et par *ent*, doivent toujours conserver au pluriel le *t* du singulier.

CHAPITRE II.

De l'Article, seconde espèce de mot.

D. Qu'est-ce que l'article?

R. L'*article* est un mot qui se place devant le substantif commun, pour désigner qu'il va être pris dans un sens déterminé.

D. Combien y a-t-il d'articles?

R. Il n'y a qu'un article : *le*, pour le masculin singulier, *la*, pour le féminin singulier, *les*, pluriel pour les deux genres.

D. Y a-t-il quelques remarques à faire sur l'article?

R. Il y a quelques remarques à faire sur l'article : la première, c'est la contraction; l'article *le, les*, est contracté, quand il est réuni à une des prépositions *à, de*. On dit: *au Prince*, pour *à le Prince; aux Frères*, pour *à les Frères; du Roi*, pour *de le Roi; des Rois*, pour *de les Rois*. Cette contraction n'a pas lieu au singulier devant une voyelle ou une *h* muette; il faut alors supprimer *e* dans l'article *le*, et *a*, dans l'article *la*, et suppléer cet *e* ou cet *a* par une apostrophe (l') : *l'Arbre, l'Église, l'Honneur*, etc.

On peut appeler encore les articles contractés, articles *composés*, puisqu'ils sont formés d'un article simple et de l'une des prépositions *à* ou *de*.

CHAPITRE III.

De l'Adjectif, troisième espèce de mots.

D. Qu'est-ce que l'adjectif?

R. L'adjectif est un mot qui sert à exprimer les qualités du substantif, et les différentes manières d'être sous lesquelles on le considère. Tous les mots devant lesquels on peut mettre *personne* ou *chose*, sont des adjectifs: *Légère*, *Indiscrète*, *Profonde*, sont des adjectifs, parce qu'on peut dire: Personne *légère*, Personne *indiscrète*, Pensée *profonde*.

D. Qu'y a-t il à remarquer dans les adjectifs?

R. Il faut remarquer dans les adjectifs deux genres, le masculin et le féminin, et deux nombres, le singulier et le pluriel; c'est-à-dire que l'adjectif prend la forme du masculin, quand il qualifie un substantif masculin; qu'il prend la forme du féminin, quand il qualifie un nom féminin; qu'il prend la forme du singulier, quand il qualifie un nom singulier; et qu'il prend la forme du pluriel, quand il qualifie un nom pluriel ou bien deux ou plusieurs noms à la fois (1).

D. Pourriez-vous me faire remarquer les différentes formes des adjectifs, suivant leurs diverses occurences?

(1) On forme le pluriel dans les adjectifs de même que dans les substantifs. *Voyez* page 179.

R. Les adjectifs terminés, au masculin, par un *e* muet, ne changent point au féminin : ils sont appelés adjectifs de tout genre; mais ils prennent une *s*, s'ils qualifient des noms pluriels : ***Fils aimable*, *Fille aimable*; *Homme habile*, *Femme habile*; *Hommes honnêtes*, *Femmes honnêtes*.**

Les adjectifs qui ne sont pas terminés, au masculin, par un *e* muet, en prennent un au féminin, et de plus une *s* au pluriel ; ***Homme prudent*, *Femme prudente*; *Hommes polis*, *Femmes polies*.**

D. Avez-vous d'autres remarques?

R. 1° Dans quelques adjectifs terminés, au masculin, par une de ces lettres *l*, *n*, *s*, *t*, on double la lettre finale, et on ajoute un *e* muet pour former le féminin. EXEMPLE :

MASCULIN.	FÉMININ.
Le Loup cruel.	La Panthère cruelle.
Un Mur mitoyen.	Une Haie mitoyenne.
L'Éléphant gros.	La Baleine grosse.
L'Homme muet.	La Femme muette.

2° Les adjectifs en *f* changent le *f* en *ve*.

MASCULIN.	FÉMININ.
Le Lièvre craintif.	La Brebis craintive.
Le Bouillon purgatif.	La Tisane purgative.

3° Les adjectifs en *c* changent le *c* en *que*.

MASCULIN.	FÉMININ.
Un Age caduc.	La Santé caduque.
L'Ordre public.	L'Instruction publique.
Le Livre grec.	La Langue grecque (1).

(1) Remarquez que l'adjectif *grec* conserve le *c* au féminin, par exception.

4° La plupart des adjectifs en *eur* et en *eux*, font *euse* au féminin.

MASCULIN.	FÉMININ.
Un Malheur affreux.	Une Tempête affreuse.
Un Enfant boudeur.	Une Fille boudeuse.

5° Enfin on écrit :

MASCULIN.	FÉMININ.	MASCULIN.	FÉMININ.
Blanc,	Blanche.	Beau (1),	Belle.
Frais,	Fraîche.	Nouveau,	Nouvelle.
Long,	Longue.	Mou,	Molle.
Malin,	Maligne.	Fou,	Folle.
Franc,	Franche.	Vieux,	Vieille.
Bénin,	Bénigne.	Sec,	Sèche.
Tiers,	Tierce.	Jumeau,	Jumelle.
Fier,	Fière.	Doux,	Douce.
Berger,	Bergère.	Roux,	Rouce.
Extérieur,	Extérieure.	Faux,	Fausse.
Supérieur,	Supérieure.	Favori,	Favorite.
Accusateur,	Accusatrice.	Coi,	Coite.
Créateur,	Créatrice.	Majeur,	Majeure.
Débiteur,	Débitrice.	Mineur,	Mineure.
Inspecteur,	Inspectrice.	Meilleur,	Meilleure.
Persécuteur,	Persécutrice.	Conducteur,	Conductrice.
Vengeur,	Vengeresse.	Protecteur,	Protectrice.
Demandeur,	Demande-resse.	Exécuteur,	Exécutrice.
		Inventeur,	Inventrice.
Complet,	Complète.	Enchanteur,	Enchanteres-se.

(1) *Beau, nouveau, mou, fou, vieux,* font : *bel, nouvel, mol, fol, vieil,* devant un nom masculin qui commence par une voyelle ou une *h* muette : *bel* Homme, *nouvel* Appartement, *vieil* Habit, etc.

Discret,	Discrète.	Pécheur,	Pécheresse.
Inquiet,	Inquiète.	Ambassadeur,	Ambassadrice.

REMARQUE. Plusieurs de ces adjectifs et d'autres de même espèce, sont des substantifs qui prennent la forme du genre des noms qu'ils représentent, et on doit remarquer ici que les substantifs deviennent adjectifs, lorsqu'ils sont employés pour qualifier d'autres substantifs, comme : l'Homme *orateur,* Femme *débitrice*, etc. De même les adjectifs s'emploient souvent comme substantifs, tels que : le *vrai*, l'*utile*, le *superflu*, le *beau*, etc.

6o La plupart des adjectifs en *al*, font leur pluriel en *aux* : *Brutal*, *Brutaux*; *Original*, *Originaux*, etc.

7o Les adjectifs *filial*, *final*, *théâtral*, *pascal*, *central*, *glacial*, *naval*, etc., qui font leur pluriel par l'addition d'un *s*, sont exceptés de la règle.

REMARQUE. Il y a deux sortes d'adjectifs numéraux qui déterminent les substantifs, en y ajoutant une idée de nombre *ou* d'ordre. Les *cardinaux* expriment le nombre; les *ordinaux* marquent le rang, l'ordre. *Voyez* pages 31, 32, 33.

Nota. Plusieurs Grammairiens classent les adjectifs *possessifs* et *démonstratifs*, les adjectifs *numéraux* et *indéfinis*, au rang des articles.

D. Quels sont les adjectifs possessifs *ou bien les* adjectifs *qui marquent une idée de* possession, *tout en déterminant le substantif?*

R. Les adjectifs possessifs qui marquent l'idée de possession tout en déterminant le substantif, sont :

SING. MASCULIN.	FÉMININ.	PLURIEL. des deux genres.
Mon.	Ma,	Mes,

Ton,	Ta,	Tes,
Son,	Sa,	Ses,
Notre,	Notre,	Nos,
Votre,	Votre,	Vos,
Leur,	Leur,	Leurs,

Voyez tous ces adjectifs en exercices avec des noms de différens genres, page 15 et suiv.

Remarque. *Mon, ton, son,* se mettent au lieu de *ma, ta, sa,* devant les noms féminins qui commencent par une voyelle ou une *h* muette, afin d'empêcher l'hiatus.

D. N'y a-t-il pas aussi des adjectifs indicatifs ou démonstratifs?

R. Les adjectifs indicatifs ou démonstratifs qui, tout en déterminant le substantif, servent à le montrer, sont *ce,* qui se met devant un nom masculin singulier qui commence par une consonne; *cet,* qui se met devant un nom masculin singulier qui commence par une voyelle ou une *h* muette; *cette,* qui se met devant tout nom féminin singulier; et *ces,* devant tous les noms pluriels masculins et féminins. *Voyez* ces adjectifs en exercices avec des noms de différents genres, page 21 et suiv.

Degrés de qualification dans les Adjectifs.

D. Combien y a-t-il de degrés de qualification dans les adjectifs?

R. Les adjectifs sont susceptibles de trois degrés de qualification : 1° le positif, qui exprime simplement la qualité, comme : *Adolphe est sage;* 2° le comparatif, qui exprime la qualité avec comparaison, comme: *Adolphe est plus sage que Théophile;* 3° le superlatif, qui exprime la qualité portée à un très-haut degré, comme : *Adolphe est très-sage* ou *le plus sage.*

D. Qu'y a-t-il de plus à observer dans le degré appelé comparatif?

R. Il y a à observer dans le degré appelé comparatif, trois choses: 1° le degré d'égalité, comme: *Théophile est aussi sage qu'Adolphe;* 2° le degré de supériorité, comme : *Théophile est plus sage qu'Adolphe;* 3° le degré d'infériorité, comme : *Théophile est moins sage qu'Adolphe.*

D. Qu'y a-t-il à observer encore dans le degré appelé superlatif?

R. Il y a à observer dans le degré superlatif, deux choses : 1° le superlatif absolu, qui se forme en mettant devant l'adjectif, *très* ou *fort*, ou *bien*, ou *extrêmement*, comme: *Justin très-sage, Laurent fort content, Victor bien prudent, Vincent extrêmement chiche;* 2° le superlatif relatif, qui se forme en mettant devant l'adjectif *le plus*, ou *la plus*, ou *les plus; du plus*, ou *de la plus*, ou *des plus*, ou *au plus*, ou *à la plus*, ou *aux plus;* ou bien l'un des adjectifs possessifs *mon, ma, mes; ton, ta, tes; son, sa, ses; notre, nos; votre, vos; leur, leurs*, qui se placent aussi devant *plus* et l'adjectif au positif. EXEMPLE : *Martin est le plus studieux des écoliers; Marie est ma plus puissante protectrice auprès de Dieu*, etc.

REMARQUE. Les trois adjectifs: *meilleur*, au lieu de *plus bon*, qui ne se dit pas; *pire*, au lieu de *plus mauvais; moindre*, au lieu de *plus petit*, expriment seuls une comparaison et même un superlatif, lorsqu'ils sont précédés des articles ou des articles possessifs. EXEMPLES : *Ma Pomme est meilleure que la vôtre; vos Revenus sont moindres que les siens; cette Guerre est pire que la leur.* (*Voyez* pages 29 et 30).

CHAPITRE IV.

Du Pronom, quatrième espèce de mot.

D. Qu'est-ce que le pronom?

R. Le *pronom* est un mot qui rappelle l'idée du substantif, ou bien il remplace le substantif que l'on ne veut pas répéter. Ainsi, au lieu de dire: *le Soleil* éclaire, *le Soleil* échauffe, *le Soleil* féconde, on dit: *le Soleil* éclaire, *il* échauffe, *il* féconde. Le mot *il* est donc un pronom, puisqu'il remplace le substantif *Soleil*, et qu'il fait éviter la répétition de ce substantif. Les pronoms s'accordent en genre et en nombre avec les substantifs dont ils rappellent l'idée *ou* dont ils tiennent la place. Nous aimons *la France*, nous *la* défendrons. Le pronom *la* est au genre féminin et au nombre singulier, parce qu'il tient la place du mot *France*, etc. Les écoliers qui aiment *Dieu*, *le* prient souvent; le pronom *le* est au genre masculin et au nombre singulier, parce qu'il tient la place de *Dieu*. Les mondains même respectent *les hommes pieux*, comment ne *les* respecterons-nous pas, le pronom *les* est au genre masculin et au nombre pluriel, parce qu'il tient la place des *hommes*. Les écolières aiment *les Sœurs Religieuses*, nous *les* estimons aussi; le pronom *les* est au genre féminin et au nombre pluriel, parce qu'il tient la place de *Sœurs*.

D. Comment classe-t-on ordinairement les pronoms ?

R. On classe ordinairement les pronoms en six sortes, savoir : les pronoms *personnels*, les pronoms *possessifs*, les pronoms *démonstratifs*, les pronoms *relatifs*, les pronoms *interrogatifs* et les pronoms *indéfinis*.

Des Pronoms personnels.

D. Quels sont les pronoms personnels?

R. Les pronoms personnels sont :

Première personne, singulier. *Je, me, moi.*

Deuxième personne, singulier. *Tu, te, toi.*

Première personne, pluriel. *Nous* (1).

Deuxième personne, pluriel. *Vous* (2).

Troisième pers., singulier.		Troisième pers., pluriel.	
MASCULIN.	FÉMININ.	MASCULIN.	FÉMININ.
Il,	*Elle.*	*Ils, Eux,*	*Elles.*
Le,	*La.*	*Les,*	
Lui, des deux genres.		*Leur,* des deux genres.	

Se, Soi, des deux genres et des deux nombres.

(On l'appelle pronom réfléchi).

D. Veuillez m'apprendre encore mieux à connaître les pronoms personnels ?

R. La personne *qui parle* est la première personne; la personne *à qui* l'on parle est la seconde personne; la personne *de qui* l'on parle est la troisième personne.

REMARQUES. 1° *Me,* pour *à moi, moi* (des deux genres). On emploie *me,* pour *à moi, moi.*

EXEMPLE. Le maître *me* raconte une histoire, c'est-

(1) *Je, me, moi, nous,* sont des deux genres.

(2) *Tu, te, toi, vous,* sont des deux genres.

*****

à-dire le maître raconte *à moi*; le maître *me* voit, c'est-à-dire, le maître voit *moi*.

2° *Te*, pour *à toi*, *toi* (des deux genres).

On emploie *te*, pour *à toi*, *toi*. Ex. Le professeur *te* donne un devoir, c'est-à-dire, le professeur donne *à toi*; le professeur *te* punira, c'est-à-dire, le professeur punira *toi*.

3° *Lui*, pour *à lui* (masculin).

On emploie *lui*, pour *à lui*. Ex. Le maître a puni un écolier qui *lui* disait un mensonge, c'est-à-dire, qui disait *à lui* (au maître), etc.

4° *Lui*, pour *à elle* (féminin).

On emploie *lui*, pour *à elle*. Ex. L'institutrice a puni une écolière qui *lui* disait un mensonge, c'est-à-dire, qui disait *à elle* (à l'institutrice).

5° *Se*, pour *à soi*, *soi*, etc. (Des deux genres et des deux nombres).

On emploie *se*, pour *à soi*, *soi*. Ex. Le religieux *se* donne la discipline, c'est-à-dire, le religieux donne *à soi* (masculin), etc.; la religieuse *se* donnera la discipline, c'est-à-dire, donnera *à soi* (féminin), etc.; les religieux *se* donnent la discipline, c'est-à-dire, donnent *à eux-mêmes* (masculin pluriel); les religieuses *se* donneront la discipline, c'est-à-dire, donneront *à elles-mêmes*, etc. (pluriel féminin); les religieux *se* livreront au service de Dieu, c'est-à-dire, livreront *eux-mêmes* (masculin pluriel), etc.; les religieuses *se* donneront à Dieu, c'est-à-dire, donneront *elles-mêmes* (féminin pluriel), etc.

6° *Nous*, pour *à nous*, *nous* (des deux genres).

On emploie *nous*, pour *à nous*, *nous*. Ex. Nous *nous* ferons un devoir, c'est-à-dire, nous ferons *à nous* (des deux genres), etc.; nous *nous* livrerons au service du prochain, c'est-à-dire, nous livrerons *nous* (des deux genres), etc.

7° *Vous*, pour *à vous*, *vous* (1) (des deux genres).

On emploie *vous*, pour *à vous*, *vous*. Ex. Vous *vous* ferez un devoir, c'est-à-dire, vous ferez *à vous* (des deux genres), etc.; vous *vous* livrerez au service du prochain, c'est-à-dire, vous livrerez *vous* (des deux genres), etc.

8° *Leur*, pour *à eux* (masculin pluriel).

On emploie *leur* pour *à eux*. Ex. Deux écoliers se comporteront bien, le maître *leur* donnera pour cela une récompense, c'est-à-dire, le maître donnera *à eux* (masculin pluriel), etc.

9° *Leur* pour *à elles* (féminin pluriel).

On emploie *leur*, pour *à elles*. Ex. Deux écolières se comporteront bien, l'institutrice *leur* donnera pour cela une récompense, c'est-à-dire, l'institutrice donnera *à elles* (féminin pluriel).

10° *Le, la, les*.

Le, *la*, *les*, sont tantôt articles, tantôt pronoms; ils sont articles, quand ils sont placés devant le substantif; ils sont pronoms, quand ils représentent un substantif, et dans ce cas, ils accompagnent toujours un verbe.

D. Quelle remarque avez-vous à faire sur en, y, où?

R. 1° *En*, signifie *de lui*, *d'elle*, *d'eux*, *d'elles;* quand on dit: j'*en* parle, on peut entendre je parle *de lui*, *d'elle*, *d'eux*, *d'elles*; 2° *y* signifie *à cette chose*, *à ces choses;* ainsi quand on dit: je m'*y* applique, c'est-à-

(1) Ce pronom est souvent employé par politesse au singulier. Ex. *Enfant, soyez docile.*

dire, je m'applique *à cette chose*, *à ces choses*, etc. ; 3° *où*, peut aussi passer pour pronom, tenant la place d'un ou de plusieurs noms. Quand je dis : le lieu *où* nous sommes, la maison *où* vous allez, c'est comme si je disais : le lieu *dans lequel* nous sommes, la maison *à laquelle* vous allez ; de même quand je dis : les lieux *où* nous sommes, les maisons *où* vous allez ; c'est comme si je disais : les lieux *dans lesquels* nous sommes, les maisons *auxquelles* vous allez.

Des Pronoms possessifs.

D. Qu'est-ce que les pronoms possessifs ?

R. Les pronoms *possessifs* représentent un substantif, et ils en marquent la possession. Voici ces pronoms :

Singulier.		Pluriel.	
MASCULIN.	FÉMININ.	MASCULIN.	FÉMININ.
Le mien,	La mienne.	Les miens,	Les miennes.
Le tien,	La tienne.	Les tiens,	Les tiennes.
Le sien,	La sienne.	Les siens,	Les siennes.
Le nôtre,	La nôtre.	Les nôtres,	Les nôtres.
Le vôtre,	La vôtre.	Les vôtres,	Les vôtres.
Le leur,	La leur.	Les leurs,	Les leurs.

Nota. Remarquez qu'on met un accent circonflexe sur l'*ô*, dans *nôtre*, *vôtre*, *nôtres*, *vôtres*, quand ces mots sont précédés de l'article *le*, *la*, *les*.

Des Pronoms démonstratifs.

D. Qu'est-ce que les pronoms démonstratifs ?

R. Les pronoms *démonstratifs* servent à démontrer les personnes *ou* les choses dont on parle. Ces pronoms sont :

Singulier.		Pluriel.	
MASCULIN.	FÉMININ.	MASCULIN.	FÉMININ.
Celui,	Celle.	Ceux,	Celles.
Celui-ci,	Celle-ci.	Ceux-ci,	Celles-ci.
Celui-là,	Celle-là.	Ceux-là,	Celles-là.

Ce, Ceci, Cela, singulier masculin.

REMARQUES. 1re. *Celui-ci, celle-ci, ceux-ci, celles-ci,* sont pour montrer les objets *proches,* et *celui-là, celle-là, ceux-là, celles-là,* sont pour montrer les objets *éloignés.*

2me *Ce* est *pronom démonstratif,* quand il accompagne le verbe *Être,* ou bien *qui, que, quoi, dont : c'est* la paresse; *ce sont* mes élèves; *ce qui* me touche; *ce que* je crains; *ce dont* vous parlez; *ce à quoi* nous tendons, etc.; tandis qu'il est *adjectif démonstratif,* quand il est suivi d'un nom. (*Voyez* ce dernier mot en exercices, page 21 et suiv.).

Pronoms relatifs.

D. Qu'est-ce que les pronoms relatifs.

R. On appelle pronoms *relatifs*, les pronoms qui ont rapport à un ou à plusieurs substantifs, ou à un ou à plusieurs pronoms *précédents.* Les noms ou pronoms dont les relatifs rappellent l'idée, sont appelés *antécédents,* parce qu'ils sont placés avant le *relatif.* Ces pronoms relatifs sont :

Des deux genres et des deux nombres.

Qui, que, quoi, à qui, dont, d'où.

Masculin.		Féminin.	
SINGULIER.	PLURIEL.	SINGULIER.	PLURIEL.
Lequel,	Lesquels.	Laquelle,	Lesquelles.

Exemple. Voilà un *enfant* paresseux *qui* ne veut pas étudier; *enfant* est l'antécédent de *qui*, parce que ce *qui* rappelle l'idée de *enfant*. Le mensonge est un *vice* odieux *dont* mes élèves ont honte; *vice* est l'antécédent de *dont*, parce que ce *dont* mis pour *duquel vice*, rappelle l'idée de *vice*, etc. *Voyez* p. 26 et suiv.

Pronoms interrogatifs.

D. Qu'est-ce que les pronoms interrogatifs?

R. Les pronoms *interrogatifs* servent à interroger. Ces pronoms sont: *qui*, *que*, *quoi*, *à quoi*, *lequel*, *laquelle*. Ex. *Qui* vous a remis cette lettre? *Que* demanderons-nous? etc.

Pronoms indéfinis ou indéterminés.

D. Qu'est-ce que les pronoms indéfinis ou indéterminés?

R. Les pronoms *indéfinis* ou *indéterminés*, désignent d'une manière vague et générale les personnes ou les choses dont ils rappellent l'idée. Ces pronoms sont: *on*, *quelqu'un*, *quiconque*, *chacun*, *autrui*, *personne*, *tout*, *rien*, *l'un*, *l'autre*, *l'un et l'autre*, *nul*, *aucun*, *qui que ce soit*, *quoi que ce soit*, etc. Ex. *Quiconque* chantera bien les louanges de Dieu, méritera une récompense. *On* a frappé à la porte, etc.

CHAPITRE V.

Du Verbe, cinquième espèce de mot.

D. Qu'est-ce que le verbe?

R. Le *verbe* est un mot qui, le plus souvent, affirme l'existence ou l'état, ou exprime une action (1).

On peut dire qu'il n'y a qu'un seul verbe, qui est le verbe *Être*, auquel on donne la dénomination de verbe substantif ou de verbe par excellence, parce que celui-là seul affirme l'existence ou l'état. Ex. La terre *est*, le mot *est* affirme l'existence de la terre; donc *est*, est un verbe. Si je dis: la terre *est* ronde, le mot *est* affirme l'état de la terre, etc.

D. N'y a-t-il donc réellement que le verbe Être?

R. Les verbes ne se présentent pas toujours sous la simple forme du verbe *être;* il y en a un grand nombre qu'on appelle verbes *adjectifs* ou *attributifs,* dans lesquels se trouve renfermé le verbe *Être*. Ex. *La terre tourne sans cesse*, équivaut à: *La terre est tournant sans cesse. Nous ne mangerons pas*, équivaut

(1) C'est la définition de plusieurs Grammairiens; tous les modes d'un verbe n'expriment cependant pas l'affirmation.

à : *nous serons ne mangeant pas. Tourne, Mangerons*, sont des verbes *adjectifs* ou *attributifs*, parce qu'ils contiennent une *qualité*, un *attribut*, joint à l'idée d'existence.

D. Comment se divisent les verbes attributifs?

R. Les *verbes* se divisent en verbes *actifs* ou d'*action transitive*, en verbes *passifs* ou d'*état*, en verbes *intransitifs* ou *neutres*, en verbes *réfléchis*, *réciproques*, *pronominaux* et *unipersonnels*.

D. Qu'entendez-vous par verbes actifs?

R. On appelle verbes *actifs* ou *transitifs*, les verbes après lesquels on peut mettre *quelqu'un* ou *quelque chose*, ou bien qui expriment une action qui peut passer sur un objet. Ex. *Nous respecterons nos maîtres; vous honorerez vos parents. Maîtres, Parents*, sont les êtres sur lesquels passent les actions qu'expriment les verbes *Respecterons, Honorerez*.

D. Qu'entendez-vous par verbes passifs *ou d'*état?

R. On appelle verbes *passifs* ou d'*état*, les verbes dont les sujets supportent ou reçoivent l'action exprimée par le verbe. Ex. *L'enfant pieux est aimé de Dieu : L'enfant*, qui est le sujet du verbe passif *est aimé*, reçoit l'action d'être aimé, etc.

D. Qu'entendez-vous par verbes neutres *ou* intransitifs?

R. On appelle verbes *neutres* ou *intransitifs*, les verbes qui expriment un état ou une action qui ne passe pas directement sur un objet; quand je dis : *nous Dormons*, *Dormons*, est un verbe neutre, parce qu'il marque une action qui ne passe pas hors du sujet *Dormons*, qui fait l'action de dormir. Les médisants *nuisent* à l'honneur du prochain; *Nuisent*, est un verbe neutre, parce que ce verbe marque une action qui ne tombe qu'indirectement sur *honneur*. On distingue d'ailleurs un verbe neutre d'avec un verbe actif, en ce qu'on ne peut pas mettre après un verbe neutre quelqu'un ou quelque chose; *Dormir, Venir,* sont des verbes neutres, parce qu'on ne peut pas dire: *dormir quelqu'un, dormir quelque chose, venir quelqu'un, venir quelque chose.*

D. Qu'est-ce que les verbes réfléchis?

R. On appelle verbes *réfléchis directs*, les verbes qui expriment une action dont le sujet et le complément agissent sur eux-mêmes, et verbes *réfléchis indirects*, ceux qui expriment une action qui est faite par le sujet, et qui aboutit indirectement au sujet même. Ex. *Nous nous défendons;* le premier *nous*, est le sujet de *défendons*, parce qu'il fait l'action exprimée par *défendons*, et le second *nous*, est le complément direct, parce qu'il supporte l'action qu'exprime le verbe *défendons. Pierre se donnera un habit; Pierre*, est le sujet de *donnera*, parce que c'est lui qui fait l'action, et *se*, est mis pour *à soi, à lui-même* (à Pierre), complément *indirect*, parce que l'action aboutit à lui-même, etc.

D. Qu'est-ce que les verbes réciproques?

R. On appelle verbes *réciproques*, les verbes qui expriment l'action de deux ou plusieurs sujets qui agissent respectivement *les uns sur les autres* ou directement, comme quand on dit: *deux Soldats se battent, nous nous aimons les uns les autres;* ou indirectement, comme quand on dit: *vous vous dites des injures, nous nous écrivons souvent* (1).

D. Qu'est-ce que les verbes pronominaux?

R. On appelle verbes *pronominaux*, les verbes qui

(1) Il est aisé de voir que ces sortes de verbes se conjuguent seulement au pluriel.

se conjuguent comme les verbes réfléchis, et qui n'expriment ni l'action d'un sujet sur lui-même, ni une action qui aboutit au sujet, ni même une action faite par le sujet. Quand on dit : *les Bœufs se vendent cher ;* on voit bien que l'action de *vendre* ne tombe pas sur le sujet *Bœuf* ou le pronom *se*, puisque (les Bœufs) ne peuvent pas se vendre eux-mêmes ; cette phrase équivaut donc à celle-ci : *ces Bœufs sont vendus cher*. Les verbes *pronominaux* pourraient donc être nommés verbes réfléchis-passifs.

D. Qu'est-ce que les verbes unipersonnels?

R. On appelle *unipersonnels*, les verbes qui n'ont que la troisième personne du singulier, comme : *il Faut, il Pleut, il Importe, il Grêle, il Neige, il Semble, il y A, il Tonne,* etc.

D. Qu'appelle-t-on verbes réguliers, irréguliers *et* défectifs?

R. On appelle *réguliers*, les verbes dont toutes les terminaisons sont semblables au verbe qui leur sert de modèle; *irréguliers*, les verbes dont toutes les terminaisons ne sont pas semblables au verbe qui leur sert de modèle ; *défectifs*, les verbes auxquels il manque quelques temps ou quelques personnes que l'usage de la langue rejette.

D. Quels sont les verbes que les Grammairiens nomment auxiliaires ?

R. Les verbes appelés *auxiliaires*, sont le verbe *Être* et le verbe *Avoir ;* on les nomme *auxiliaires*, parce que ces deux verbes aident à conjuguer les autres dans les temps composés, c'est-à-dire, lorsqu'ils accompagnent le participe passé d'un autre verbe. Le verbe *Avoir* est actif, lorsqu'il est seul suivi d'un complément, parce qu'alors il indique l'idée de possession.

Du Sujet.

D. Comment reconnaît-on qu'un mot est verbe ?

R. Tous les mots devant lesquels on peut mettre : *je, tu, il, elle, nous, vous, ils, elles,* avec un changement de terminaison, sont des *verbes ;* par exemple : *Corriger* est un verbe, parce qu'on peut dire : *je Corrige, nous Corrigeons,* etc.

D. Qu'est-ce que le sujet *d'un verbe?*

R. Le *sujet*, est l'objet de l'affirmation marquée par le verbe, c'est l'être qui fait ou qui reçoit l'action que le verbe exprime, ou bien : le *sujet* d'un verbe est le mot qui répond à la question *qui est-ce qui?* ou *qu'est-ce qui?* Ex. L'*Élève* étudie la leçon. *Qui est-ce qui étudie?* réponse : l'*Élève;* donc *Élève,* est le sujet du verbe *Étudie,* parce que c'est l'Élève qui fait l'action d'étudier, etc. ; le *Tonnerre* gronde. *Qu'est-ce qui gronde?* réponse : le *Tonnerre;* donc le *Tonnerre,* est le sujet du verbe *Gronde,* parce que c'est le *Tonnerre* qui fait l'action de *Gronder.*

D. Quand dit-on qu'un verbe est à la première personne, *à la* seconde personne, *etc.?*

R. Un verbe est à la *première personne,* quand c'est la personne qui parle qui fait l'action, comme : *je Chante, nous Chantons ;* il est à la *seconde personne,* quand c'est la personne à qui l'on parle qui fait l'action, comme : *tu Chantes, vous Chantez ;* il est à la *troisième personne*, quand c'est la personne de qui l'on parle qui fait l'action, comme : *il Chante, elle Chante, ils Chantent, elles Chantent.* Il est aisé de remarquer par ce que nous venons de dire, qu'il y a deux nombres dans les verbes : le *singulier,* quand le sujet du verbe est au singulier, et le *pluriel,* quand le sujet du verbe est au pluriel.

D. Combien remarque-t-on de temps principaux *dans chaque verbe?*

R. On remarque dans chaque verbe trois *temps principaux :* le *présent*, qui marque que l'action est faite ou se fait actuellement, comme : *je Marche ;* le *passé*, qui marque que l'action a été faite, comme : *j'ai Marché;* le *futur*, qui marque que la chose sera ou se fera, comme : *je Marcherai.*

D. Ne distingue-t-on pas plusieurs sortes de passés *ou* prétérits?

R. On distingue plusieurs sortes de *passés* ou *prétérits*, savoir : un imparfait, *je Marchais;* trois passés : 1° le passé défini, *je Marchai ;* 2° le passé indéfini, *j'ai Marché;* 3° le passé antérieur, *j'eus Marché.*

D. Distingue-t-on plusieurs futurs?

R. On distingue deux *futurs*, savoir : le futur simple, *je Marcherai;* et le futur composé, *j'aurai Marché.*

D. Ne divise-t-on pas les temps des verbes en temps simples *et en temps* composés?

R. 1° Les temps *simples* d'un verbe, sont les temps qui n'ont qu'un seul mot, non compris le pronom ou le sujet, comme : *Chanter, Chantant*, je *Chantais*, nous *Chantâmes; Finir*, vous *Finissez; Reçois*, vous *Reçutes*, etc.; 2° les temps *composés* d'un verbe, sont les temps formés en empruntant un des temps du verbe *Avoir* ou du verbe *Être*, comme : *avoir Rendu, j'avais Rendu;* nous *avions Trompé;* je *suis Sorti*, etc.

D. N'y a-t-il pas dans les verbes des temps primitifs *et des temps* dérivés?

R. Il y a dans les verbes cinq temps *primitifs*, qui servent à former les autres temps, ce sont : le *présent de l'infinitif*, le *participe présent*, le *participe passé*, le *présent de l'indicatif*, le *passé défini ;* et les temps *dérivés*, sont les temps qui se forment des temps primitifs, c'est-à-dire, tous les temps qui ne sont pas primitifs ou composés.

D. Veuillez me dire combien il y a de modes ou manières de signifier dans les verbes?

R. Il y a dans les verbes *cinq modes*, qui expriment les diverses inflexions que prennent les verbes pour l'énonciation de nos pensées: 1° l'*infinitif*, qui exprime en général et d'une manière vague l'action ou l'état du sujet (sans désigner ni nombres, ni personnes), ce qui fait appeler ce mode *impersonnel;* 2° l'*indicatif*, qui affirme que la chose *est*, qu'elle *a été* ou qu'elle *sera;* 3° le *conditionnel*, qui affirme qu'une chose *serait* ou qu'elle *aurait été*, moyennant une condition; 4° l'*impératif*, quand on commande de faire la chose; 5° le *subjonctif*, qui exprime *un souhait*, *une crainte*, *un doute*, etc.

D. Qu'est-ce que conjuguer *un verbe?*

R. Conjuguer, c'est écrire ou réciter de suite les différentes modes d'un verbe avec tous leurs temps, leurs nombres et leurs personnes.

D. Combien compte-t-on de conjugaisons?

R. On compte quatre *conjugaisons* différentes, que l'on distingue par la terminaison du présent de l'infinitif. Les verbes appartenant à la première conjugaison, ont le présent de l'infinitif terminé en *er*, comme *Chanter*. Les verbes appartenant à la seconde conjugaison, ont le présent de l'infinitif terminé en *ir*, comme *Finir*. Les verbes appartenant à la troisième conjugaison, ont le présent de l'infinitif terminé en *oir*, comme *Recevoir*. Les verbes appartenant à la quatrième conjugaison, ont le présent de l'infinitif terminé en *re*, comme *Entendre*.

Nous allons aborder les Conjugaisons par les deux verbes auxiliaires.

Conjugaison du verbe auxiliaire *Être*, appelé aussi verbe *substantif*, verbe par excellence. *Voyez* ce verbe conjugué, page 70.

Conjugaison du verbe auxiliaire *Avoir*. *Voyez* ce verbe tout conjugué, page 77.

Première conjugaison ou premier modèle en *er*. *Voyez* Chanter tout conjugué, p. 84.

Observations.

Plusieurs Grammairiens prescrivent pour les *verbes* terminés à l'infinitif présent en *eler*, de doubler la lettre *l*, quand, après cette lettre, le son d'un *e* muet se fait entendre, comme : ils *Appellent*, ils *Étincelleront*, etc.; mais on écrit : nous *Appelons*, vous *Appeliez*, etc. Les verbes en *éter*, suivent la même règle.

Les verbes dont l'infinitif présent est en *yer*, changent *y* en *i* simple, devant les syllabes muettes *e*, *es*, *ent*, etc., comme : Payer, je *Paie*, je *Paierai*; Essayer, j'*Essaie*, j'*Essaierai*; etc.

Dans les verbes dont l'infinitif est en *ger*, on met un *e* muet après le *g*, lorsque cette consonne est suivie des voyelles *a* ou *o*, afin de conserver au *g* le son doux de *je*, comme: Ménager, je *Ménageais*, tu *Ménageais;* Manger, je *Mangeai*, nous *Mangeâmes*, etc.

Seconde conjugaison ou second modèle en *ir*. *Voyez Finir* tout conjugué, page 91.

Remarques. Le verbe *Bénir* a deux participes passés: *Bénit*, *Bénite*, lorsqu'il s'agit des choses consacrées par les prières des prêtres: *Pain bénit*, *Eau bénite*, etc.; et *Béni*, *Bénie*, pour les autres significations: *Enfant béni*, *Femme bénie*, etc.

Haïr, fait je *Hais*, tu *Hais*, il *Haït*, dans les trois personnes du singulier de l'indicatif, et *Hais*, à la seconde personne du singulier de l'impératif; dans tous les autres temps de ce verbe, l'*i* conserve les deux points dessus et il se fait sentir. *Fleurir* est régulier dans le sens propre; mais au figuré il est irrégulier, quand on parle des Empires, des Arts, etc.; à l'imparfait de l'indicatif et au participe présent: Ex. *L'Empire florissait*, *les Arts florissaient*, etc.

Troisième conjugaison ou troisième modèle en *oir*. *Voyez Recevoir*, tout conjugué, p. 98.

Quatrième conjugaison ou quatrième modèle en *re*. *Voyez Entendre*, tout conjugué, page 105.

Conjugaison des Verbes Passifs, qu'on nomme aussi Verbes d'État.

Cette conjugaison se fait dans tous ses temps avec l'auxiliaire *Être*, et le participe passé du verbe que l'on conjugue. Il n'y a qu'un seul modèle pour tous les verbes passifs ; la plupart des verbes actifs peuvent être passivement conjugués. *Voyez* pour modèle le verbe *Être aimé*, page 111.

Conjugaison des Verbes Neutres ou Intransitifs.

Plusieurs verbes neutres se conjuguent, dans leurs temps composés, avec l'auxiliaire *Avoir*, comme : *Dormir*, *j'ai Dormi* ; nous *avions Dormi*, etc. ; d'autres avec l'auxiliaire *Être*, comme : *Arriver*, je *suis Arrivé*, etc. ; d'autres enfin, avec *Avoir* ou *Être*. Quelques verbes neutres s'emploient quelquefois activement, indifféremment, ou bien suivant le sens que l'on veut y employer (1) ; l'usage les

(1) Les verbes essentiellement ou purement *neutres*, ne peuvent pas se tourner par le passif.

fait apprendre. Le verbe neutre *Tomber,* qui se conjugue avec l'auxiliaire *Être,* servira de modèle pour tous ceux qui prennent cet auxiliaire, page 119; et les autres qui prennent *Avoir,* auront pour modèle les verbes actifs.

Conjugaison des Verbes Réfléchis, Réciproques et Pronominaux.

Ces verbes se conjuguent avec deux pronoms de la même personne, comme : *je me, tu te, il se, nous nous, vous vous, ils se, elles se.* Le premier pronom est toujours sujet du verbe, et le second, complément direct ou indirect. Ces verbes prennent l'auxiliaire *Être* aux temps composés. *Voyez* pour modèle le verbe *se Conduire,* tout conjugué, p. 125.

Conjugaison des Verbes Unipersonnels.

Les verbes unipersonnels se conjuguent comme les verbes actifs; mais ils n'ont que la troisième personne du singulier. Plusieurs verbes, outre ceux qui ne s'emploient qu'*unipersonnellement*, peuvent devenir unipersonnels; ce qui a lieu toutes les fois que *il* appelé *pronom absolu*, ne tient la place d'aucun nom ; alors ce pronom n'est qu'un sujet apparent mis pour éviter de blesser l'oreille. *Voyez* le verbe modèle *Falloir*, unipersonnellement conjugué, page 132.

CHAPITRE VI.

Le Participe, sixième espèce de mot.

D. Qu'est-ce que le participe?

R. Le *participe* est un mot qui tient du *verbe* et de l'*adjectif*, comme: *Étant*, *Lisant*, *Chanté*, *Estimé*.

Il tient du verbe, parce qu'il en a la signification, et qu'il peut avoir un complément, comme: un écolier *aimant* Dieu, des écoliers *aimant* Dieu; une écolière *servant* Dieu, des écolières *servant* Dieu. Il tient aussi de l'adjectif, en ce qu'il ajoute au substantif une qualité ou manière d'être, comme: vertu *éprouvée*, mère tendrement *aimée*, devoirs *achevés* par les élèves, etc.

Il y a deux sortes de participes: le participe présent, toujours terminé par *ant*, et invariable, comme: *Chantant*, *Finissant*, *Recevant*, *Rendant*, etc.; le participe passé, dont les terminaisons sont *é*, pour la première conjugaison, *u*, *i*, *is*, *int*, *ert*, etc., pour les autres conjugaisons (1).

(1) On doit distinguer les *adjectifs verbaux* des participes présents. Les adjectifs qui viennent des *verbes*, sont appelés *verbaux*, comme: *Charmant*, *Charmante*, *Obligeant*, *Obligeante*, *Pleurant*, *Pleurante*. Ces sortes d'adjectifs s'accordent avec les noms auxquels ils se rapportent, tandis que les véritables participes présents ne varient point.

Des Compléments des Verbes.

D. Combien y a-t-il de sortes de compléments dans les verbes?

R. 1° Il faut remarquer deux sortes de compléments des verbes : le *complément direct* et le *complément indirect.* Certains verbes ne comportent que le complément direct qui achève de compléter l'idée commencée par le sujet, ou bien qui est l'objet sur lequel tombe directement l'action exprimée par le verbe. Pour connaître le complément d'un verbe actif, il n'y a qu'à faire la question *qui?* pour les personnes, et *quoi?* pour les choses. Ex. *Le professeur corrige ses élèves;* en faisant la question : le professeur corrige *qui?* on aura pour réponse : *ses élèves;* donc *élèves*, est le mot sur lequel tombe l'action qu'exprime le verbe *corrige*, et est par conséquent le complément direct de ce verbe.

2° Plusieurs verbes ont tout à la fois deux compléments : l'un sans préposition, appelé *complément direct*, et l'autre appelé *complément indirect*, parce qu'il ne complète la signification du verbe qu'à l'aide de l'une des prépositions *à, de, sur, pour, chez, contre, vers*, etc. Il répond à l'une des questions *à qui, de qui, sur qui, pour qui*, etc., pour les personnes ; et à l'une des questions *à quoi, de quoi, avec quoi, pour quoi*, etc., pour les choses. Ex. *Nous donnons l'aumône au pauvre;* en faisant la question : nous donnons *quoi?* on aura pour réponse : *l'aumône;* nous donnons *à qui?* réponse : *au pauvre;* donc *l'aumône*, est le complément direct, et *au pauvre*, le complément indirect.

3° D'autres verbes enfin, n'ont qu'un seul complément toujours séparé par une préposition. Ex. Nous marchons *vers la Ville;* nous partons *pour Rome;* vous passerez *par Paris*, etc.

Règles des Participes.

D. Quelles sont les terminaisons des participes passés?

R. Les participes passés ont plusieurs terminaisons, suivant les verbes d'où ils dérivent, comme: *Aimé, Fini, Reçu, Entendu, Souffert, Écrit, Craint, Exclus, Mort, Absous, Lu*, etc.

D. Quand le participe passé est-il considéré comme un adjectif verbal?

R. Quand le participe n'est accompagné ni du verbe *Être*, ni du verbe *Avoir*, il est considéré comme un adjectif, et alors il s'accorde en genre et en nombre avec le substantif qu'il modifie. Ex. Plume *taillée*, Livres *lus*, Paix *conclue*, Vierge *honorée*, etc.

D. A combien de règles le partieipe passé est-il soumis?

R. Le participe passé est soumis à plusieurs règles: 1° quand il est joint au verbe *Être*, il s'accorde toujours en genre et en nombre avec son sujet. Ex. Ton Père *est arrivé;* ta Mère *est arrivée;* mes Frères *seront estimés;* mes Sœurs *seront estimées*, etc.

2° Le participe passé joint au verbe *Avoir*, ne s'accorde jamais avec son sujet. Ex. Mon Cousin *a lu;* ma Cousine *a lu;* ma Tante *a chanté*, mes Tantes *ont chanté*.

3° Le participe passé, dans tous les temps composés des verbes *actifs, réfléchis, réciproques*, s'accorde avec son complément direct, quand ce complément le précède. Ex. Voilà les présents *que* vous *avez ob-*

tenus du Ciel; Envisagez les places *que* vous *avez occupées ;* prenez cette plume *que j'ai taillée ;* quels livres *avez*-vous *achetés?* quelle nouvelle *avez*-vous *racontée?* que de peines tu *t'es données!* quelle réputation *s'est faite* cette femme ! que de coups ces hommes se *sont donnés!* deux hommes se *sont rencontrés.*

4° Le participe passé, joint au verbe *Avoir*, ne s'accorde point avec son complément, quand ce complément est placé après. Ex. Le Prince *a écrit une lettre;* la Princesse *a écrit une lettre;* vos Frères *ont lu mon livre;* vos Sœurs *ont lu mes livres;* deux hommes se *sont adressé des lettres injurieuses*. On voit que *lettres*, est complément direct, et *se*, mis pour *à soi, à eux-mêmes*, complément indirect avec lequel le participe ne doit point s'accorder.

CHAPITRE VII.

L'Adverbe, sixième espèce de mot.

*D. Qu'est-ce que l'*adverbe?

R. L'*adverbe* est un mot qui sert à ajouter une idée à la signification du mot auquel il est joint. Quand on dit : Paul chante *parfaitement; parfaitement*, modifie le verbe *Chante*, etc. *Voyez* les adverbes les plus usités, page 34 et suiv.

CHAPITRE VIII.

La Préposition, huitième espèce de mot.

D. Qu'est-ce que la préposition?

R. La *préposition* est un mot qui sert à unir deux autres mots pour établir un rapport entr'eux.

La préposition a toujours un complément ou régime exprimé ou sous-entendu. Ce régime est le mot qui répond à la question *qui, quoi,* faite avec la préposition. Ex. *Le sort des pécheurs doit nous exciter à prier pour eux.* Le sort *de qui? des pécheurs;* doit nous exciter *à quoi? à prier.;* pour *qui? pour eux: pécheurs,* est donc régime *de; prier,* est régime de *à; eux,* régime de *pour.* (*Voyez* la liste de plusieurs prépositions, page 34 et suiv.)

CHAPITRE IX.

La Conjonction, neuvième espèce de mot.

D. Qu'est-ce que la conjonction?

R. La *conjonction* sert à lier un mot à un autre mot, ou une proposition à une autre proposition. Exemp. Quand on dit: il faut *que* l'élève finisse ses devoirs; le mot *que,* lie la première proposition *il faut,* à la seconde *l'élève finisse ses devoirs.* Jean chantera *et* il rira en même temps; le mot *et,* sert à lier la première proposition *Jean chantera,* à la seconde *il rira en même temps.* (*Voyez* la liste de plusieurs conjonctions, page 34 et suiv.)

CHAPITRE X.

L'Interjection, dixième espèce de mot.

*D. Qu'est-ce que l'*interjection?

R. L'*interjection* est un mot invariable, qui sert à exprimer les mouvements subits de l'âme, tels que : la joie, la douleur, l'indignation, etc. *Ah! Hélas! Eh! Bon! Hem! Paix! Chut! Pouf! Allons! Alerte! Fi donc!* etc. (*Voyez* les interjections, page 37.)

*****.

FORMATION DES TEMPS.

Nous avons déjà parlé, page 200, des temps *primitifs* et des temps *dérivés*.

Voici les temps primitifs pour les modèles des quatre Conjugaisons :

Chanter, Chantant, Chanté, je Chante, je Chantai.
Finir, Finissant, Fini, je Finis, je Finis.
Recevoir, Recevant, Reçu, je Reçois, je Reçus.
Rendre, Rendant, Rendu, je Rends, je Rendis.

On peut former régulièrement de ces temps tous les autres, sauf les exceptions ci-dessous désignées, savoir :

De l'Infinitif présent.

1° Le *futur de l'indicatif*, en changeant *r*, *oir* ou *re* en *rai*, etc. Chanter, *je Chanterai ;* Finir, *je Finirai ;* Recevoir, *je Recevrai ;* Rendre, *je Rendrai*, etc.

Exception. 1re conjugaison. Aller, *j'Irai ;* Envoyer, *j'Enverrai*.

2me conjug. Courir, *je Courrai ;* Acquérir, *j'Acquerrai ;* Tenir, *je Tiendrai ;* Venir, *je Viendrai ;* Cueillir, *je Cueillerai ;* Mourir, *je Mourrai ;* Tressaillir, *je Tressaillerai*.

3me conjug. Échoir, *j'Écherrai ;* Déchoir, *je Décherrai ;* Falloir, *il Faudra ;* Pouvoir, *je Pourrai ;* s'Assoir, *je m'Assiérai* ou *je m'Assaierai ;* Savoir, *je Saurai*

Valoir, *je Vaudrai;* Voir, *je Verrai;* Pourvoir, *je Pourvoirai;* Vouloir, *je Voudrai;* Devoir, *je Devrai;* Voir, *je Verrai.*

4me conjug. Faire, *je Ferai.*

2° Du futur ainsi formé, on fait le *présent du conditionnel*, en y ajoutant une *s*. Je Chanterai, *je Chanterais ;* je Recevrai, *je Recevrais ;* j'Irai, *j'Irais ;* je Ferai, *je Ferais*, etc.

Du Participe présent.

1° Les *trois personnes plurielles du présent de l'indicatif*, en changeant *ant* en *ons*, *ez*, *ent*. Chantant, *nous Chantons, vous Chantez, ils Chantent;* Recevant, *nous Recevons, vous Recevez* (mais à la 3me, *ils Reçoivent*, et ainsi dans tous les verbes en *evoir*).

Exception. Sachant, *nous Savons*, etc. ; Faisant, *vous Faites, ils Font ;* Disant, *vous Dites*, et Redisant, *vous Redites* (mais on dit, *vous Médisez, vous Contredisez, vous Prédisez*, etc.)

2° L'*imparfait de l'indicatif*, en changeant *ant* en *ais*, etc. Chantant, *je Chantais ;* Recevant, *je Recevais*, etc.

Exception. Sachant, *je Savais*.

3° Le *présent du subjonctif*, en changeant *ant* en *e* muet, etc. Chantant, que *je Chante*, Rendant, que *je Rende.*

Exception. 1re conjug. Allant, que *j'Aille.*

2me conjug. Acquérant, que *j'Acquière ;* Mourant, que *je Meure;* Tenant, que *je Tienne;* Venant, que *je Vienne.*

3me conjug. Fallant, qu'*il Faille;* Mouvant, que *je Meuve;* Pouvant, que *je Puisse;* Valant, que *je Vaille* (mais Prévalant, fait que *je Prévale*), Voulant, que *je Veuille.*

4me conjug. Buvant, que *je Boive;* Faisant, que *je Fasse;* Prenant, que *je Prenne.* (La plupart de ces verbes forment régulièrement la 1re et la 2me personne du pluriel : que *nous Allions*, que *vous Mouriez*, que *nous Tenions*, que *vous Buviez*, etc.; mais on dit : que *nous Puissions*, que *vous Fassiez.*

Du Participe passé.

1° A l'aide de l'auxiliaire *Avoir, les temps composés de la voix active* de tous les verbes actifs, et les *temps composés* de plusieurs verbes neutres.

2° A l'aide de l'auxiliaire *Être :* 1° *les temps composés* de quelques verbes neutres, tels que : *Venir, Arriver,* etc.; 2° *ceux de la voix réfléchie,* dans les verbes actifs ou neutres : *je me suis Blessé, nous nous sommes Nui,* etc.; 3° *tous les temps de la voix passive* des verbes actifs : *je suis Aimé; j'étais, je fus, j'ai été Aimé,* etc.

Du présent de l'Indicatif.

L'*impératif,* en ôtant les pronoms : j'Aime, *Aime;* nous Aimons, *Aimons;* vous Aimez, *Aimez,* etc.

Exceptions. je Vais, *Va;* je Sais, *Sache;* nous Savons, *vous Savez, Sachons, Sachez.*

Du Passé défini.

L'*imparfait du subjonctif,* en changeant *ai* en *asse* pour la première conjugaison : j'Aimai, que *j'Aimasse;* et en ajoutant *se* pour les autres : je Finis, que *je Finisse;* je Reçus, que *je Reçusse;* je Vins, que *je Vinsse,* etc.

TEMPS PRIMITIFS

DES

VERBES IRRÉGULIERS.

PRÉSENT DE l'infinitif.	PARTICIPE présent.	PARTICIPE passé.	PRÉSENT DE l'indicatif.	PARFAIT DE l'indicatif.
PREMIÈRE CONJUGAISON.				
Aller.	Allant.	Allé.	Je vais.	J'allai.
Envoyer.	Envoyant.	Envoyé.	J'envoie.	J'envoyai.
Tisser.		Tissu.		
SECONDE CONJUGAISON.				
Acquérir.	Acquérant.	Acquis.	J'acquiers.	J'acquis.
Assaillir.	Assaillant.	Assaillis.	J'assaille.	J'assaillis.
Bouillir.	Bouillant.	Bouilli.	Je bous.	Je bouillis.
Courir.	Courant.	Couru.	Je cours.	Je courus.
Cueillir.	Cueillant.	Cueilli.	Je cueille.	Je cueillis.
Dormir.	Dormant.	Dormi.	Je dors.	Je dormis.
Faillir.	Faillant.	Failli.	Je faux.	Je faillis.
Mentir.	Mentant.	Menti.	Je mens.	Je mentis.
Mourir.	Mourant.	Mort.	Je meurs.	Je mourus.
Offrir.	Offrant.	Offert.	J'offre.	J'offris.
Ouvrir.	Ouvrant.	Ouvert.	J'ouvre.	J'ouvris.
Partir.	Partant.	Parti.	Je pars.	Je partis.
Saillir.	Saillant.	Sailli.	Il saille.	Il saillit.
Sentir.	Sentant.	Senti.	Je sens.	Je sentis.
Servir.	Servant.	Servi.	Je sers.	Je servis.
Sortir.	Sortant.	Sorti.	Je sors.	Je sortis.
Tenir.	Tenant.	Tenu.	Je tiens.	Je tins.
Tressaillir.	Tressaillant.	Tressailli.	Je tressaille.	Je tressaillis.

PRÉSENT DE l'infinitif.	PARTICIPE présent.	PARTICIPE passé.	PRÉSENT DE l'indicatif.	PARFAIT DE l'indicatif.
Venir.	Venant.	Venu.	Je viens.	Je vins.
Vêtir.	Vêtant.	Vêtu.	Je vêts.	Je vêtis.

TROISIÈME CONJUGAISON.

Choir.				
Déchoir.		Déchu.	Je déchois.	Je déchus.
Devoir.	Devant.	Dû.	Je dois.	Je dus.
Echoir.	Echéant.	Echu.	Il échet.	Il échut.
Falloir.		Fallu.	Il faut.	Il fallut.
Mouvoir.	Mouvant.	Mu.	Je meus.	Je mus.
Pleuvoir.	Pleuvant.	Plu.	Il pleut.	Il plut.
Pouvoir.	Pouvant.	Pu.	Je puis.	Je pus.
Pourvoir.	Pourvoyant.	Pourvu.	Je pourvois.	Je pourvus.
S'asseoir.	S'asseyant.	Assis.	Je m'assieds.	Je m'assis.
Savoir.	Sachant.	Su.	Je sais.	Je sus.
Surseoir.		Sursis.	Je sursois.	Je sursis.
Valoir.	Valant.	Valu.	Je vaux.	Je valus.
Voir.	Voyant.	Vu.	Je vois.	Je vis.
Vouloir.	Voulant.	Voulu.	Je veux.	Je voulus.

QUATRIÈME CONJUGAISON.

Absoudre.	Absolvant.	Absous, absoute.	J'absous.	
Battre.	Battant.	Battu.	Je bats.	Je battis.
Boire.	Buvant.	Bu.	Je bois.	Je bus.
Braire.			Il brait.	
Bruire.	Bruyant.			
Circoncire.		Circoncis.	Je circoncis.	Je circoncis.
Clore.		Clos.	Je clos.	
Conclure.	Concluant.	Conclu.	Je conclus.	Je conclus.
Confire.	Confisant.	Confit.	Je confis.	Je confis.
Connaître.	Connaissant.	Connu.	Je connais.	Je connus.
Coudre.	Cousant.	Cousu.	Je couds.	Je cousis.
Craindre.	Craignant.	Craint.	Je crains.	Je craignis.
Croire.	Croyant.	Cru.	Je crois.	Je crus.

PRÉSENT DE l'infinitif.	PARTICIPE présent.	PARTICIPE passé.	PRÉSENT DE l'indicatif.	PARFAIT DE l'indicatif.

Suite de la quatrième conjugaison.

Dire.	Disant.	Dit.	Je dis.	Je dis.
Eclore.		Eclos.	Il éclot.	
Ecrire.	Ecrivant.	Ecrit.	J'écris.	J'écrivis.
Etre.	Etant.	Eté.	Je suis.	Je fus.
Exclure.	Excluant.	Exclu ou Exclus.	J'exclus.	J'exclus.
Faire.	Faisant.	Fait.	Je fais.	Je fis.
Joindre.	Joignant.	Joint.	Je joins.	Je joignis.
Lire.	Lisant.	Lu	Je lis.	Je lus.
Luire.	Luisant.	Lui.	Je luis.	
Maudire.	Maudissant.	Maudit.	Je maudis.	Je maudis.
Mettre.	Mettant.	Mis.	Je mets.	Je mis.
Moudre.	Moulant.	Moulu.	Je mouds.	Je moulus.
Naître.	Naissant.	Né.	Je nais.	Je naquis.
Nuire.	Nuisant.	Nui.	Je nuis.	Je nuisis.
Peindre.	Peignant.	Peint.	Je peins.	Je peignis.
Plaindre.	Plaignant.	Plaint.	Je plains.	Je plaignis.
Prendre.	Prenant.	Pris.	Je prends.	Je pris.
Réduire.	Réduisant.	Réduit.	Je réduis.	Je réduisis.
Répondre.	Répondant.	Répondu.	Je réponds.	Je répondis.
Résoudre.	Résolvant.	Résolu ou Résous.	Je résous.	Je résolus.
Rire.	Riant.	Ri.	Je ris.	Je ris.
Rompre.	Rompant.	Rompu.	Je romps.	Je rompis.
Suffire.	Suffisant.	Suffi.	Je suffis.	Je suffis.
Suivre.	Suivant.	Suivi.	Je suis.	Je suivis.
Traire.	Trayant.	Trait.	Je trais.	
Vaincre.	Vainquant.	Vaincu.	Je vaincs.	Je vainquis.
Vivre.	Vivant.	Vécu.	Je vis.	Je vécus.

FIN.

AVIS.

On écrirait dans quelques contrées les noms terminés en *ea*, tels que: *Princea*, *Bidea*, *Etchea*, *Aratchea*, *Mendea*, *Umea*, *Gurutcea*, *Baratcea*, etc.; ainsi que les possessifs *Enea*, *Hirea*, *Berea*, *Gurea*, *Çurea*, en *eec*, *een*, *eei*, *eez*, au nominatif, au génitif, au datif, et à l'ablatif pluriels; le radical du mot l'exige; mais les autres dialectes de la plupart du pays Basque français, rejettent le premier *e*. Les personnes qui enseignent, sont priées d'y aviser, selon les besoins des localités.

NOTA. La curiosité des verbes basques conjugués en tutoyant, n'ayant pas pu trouver place dans cette première partie, se trouvera à la seconde, ainsi que la variabilité des désinences des futurs de quelques verbes, variabilité qui est en faveur chez les poètes Basques, puis viendra la syntaxe des deux langues.

ERRATA.

Pages.	Lignes.	au lieu de	lisez :
IV	7	le travail,	ce travail.
5	10	de moi,	de nous.
13	5	hireac,	hireac *ou* hireec.
26	25	cetnez,	ceinez.
27	16	Yaincoa,	Jaincoa *ou* Jaincoac.
27	23	Jesu-Christo,	Jesu-Christo *ou* Jesu-Christoc.
28	7	Yoanes,	Joanes *ou* Joanesec.
28	16	Maria,	Maria *ou* Mariac.
36	5	hau,	han.
38	32	années,	armées.
43	17	ingandea,	igandea.
56	15	kçaten,	etçaten.
57	17	khorocatuco,	khoroatuco.
58	12	yaustea,	yaustea.
61	9	trochat,	trochatu.
70	24	çalaric,	çarelaric.
70	26		
72	4	futes,	fûtes.
72	20	eût,	eut.
72	21	eût,	eut.
73	31	çu an,	çu içan.
77		entre les 2 1res accolades : étant,	ayant.
83	2	beçan,	heçan.
83	25	cinukezen,	cinukeien.

Pages.	Lignes.	au lieu de	lisez :
83	26	eut,	eût.
83	26	cukeien,	çukeyen.
83	27	eut,	eût.
84	12	je chan,	je chante.
84	12	cantacen,	cantatcen (dans toutes les personnes du présent de l'indicatif.
85		après 8°, aj. il chanta, harc cantatu çuen.	
85	10	chantames,	chantâmes.
86	16	chantera,	chanteras.
87	10	chanterai,	chanterais.
88	9	eut,	eût.
88	10	eut,	eût.
88		après la ligne 17, ajoutez canta beça, puis après la 2me, canta beça, faites descendre jusqu'à la 2me canta beçate, chaque ligne du basque, ensuite après la 24me ligne, ajoutez qu'ils chantent.	
88	25	chante,	chantes,
89	3	chantasse,	chantasses.
89	5	chantat,	chantât.
90	4	itçutea,	itçulcea.
93	18	Finira,	Finiras.
93	29	Aura,	Auras.
94	24	j'Aurai,	j'Aurais.
95		après la ligne 24, ajoutez qu'ils finissent, Akhaba beçate.	
96	6	Finisse,	Finisses.
96	8	Finit,	Finît.
96	9	Finit,	Finît
96	26	lukeyen,	hukeyen.
102		après la ligne 23, supprimez *ou errecibiçaçu*.	
103	15	Reçut,	Reçût.
103	16	Reçut,	Reçût.

Pages.	Lignes.	au lieu de	lisez :
103	28	dukeçun,	dukeçuen.
108	28	eut,	Eût.
108	29	eut,	Eût.
109	24	Entendit,	Entendît.
111		après la ligne 4, ajoutez *avoir été Aimé* ou *Aimée,* Maithatua içana ukhatea, et puis pour 6me ligne : *Participe présent.*	
112	26	içanen,	içan.
113	2	hira,	cira.
114	18	çarete,	dira.
116	26	Aimés,	Aimé.
117	32 et 33	citeyen,	citekeyen.
118	11	aoratua,	adoratua.
119	12	Tombe,	Tombes.
122	27	hincen,	nincen.
123	4	Tombées,	Tombés.
127	1	transportez ou çu guidatu cira, à la suite de la seconde ligne.	
129	9	cinen,	hincen.
130	27	citezkeyen,	ditezkeyen.
130	28 et 29	citezkeyen,	ditezkeyen.
131	14	eparniatcea,	esparniatcea,
132		pour deuxième ligne, ajoutez *Infinitif présent.*	
132	4	PASSÉ,	PARTICIPE PASSÉ.
132		mettez pour 11me ligne : *Passé défini,* et pour 12me : *il a Fallu,* behar Içanda.	
154	3	alngueruarcn,	aingueruenaren.
164	21	soyons leur prévenants,	soyons prévenants à leur égard.
180	7	sans excepter.	excepté.

TABLE
DE
MULTIPLICATION.

1	fois	1	fait	1	3	fois	1	font	3	5	fois	1	font	5
1		2		2	3		2		6	5		2		10
1		3		3	3		3		9	5		3		15
1		4		4	3		4		12	5		4		20
1		5		6	3		5		15	5		5		25
1		6		6	3		6		18	5		6		30
1		7		7	3		7		21	5		7		35
1		8		8	3		8		24	5		8		40
1		9		9	3		9		27	5		9		45
1		10		10	3		10		30	5		10		50
1		11		11	3		11		33	5		11		55
1		12		12	3		12		36	5		12		60

2	fois	1	font	2	4	fois	1	font	4	6	fois	1	font	6
2		2		4	4		2		8	6		2		12
2		3		6	4		3		12	6		3		18
2		4		8	4		4		16	6		4		24
2		5		10	4		5		20	6		5		30
2		6		12	4		6		24	6		6		36
2		7		14	4		7		28	6		7		42
2		8		16	4		8		32	6		8		48
2		9		18	4		9		36	6		9		54
2		10		20	4		10		40	6		10		60
2		11		22	4		11		44	6		11		66
2		12		24	4		12		48	6		12		72

7	fois 1	font 7	9	fois 1	font 9	11	fois 1	font 11
7	2	14	9	2	18	11	2	22
7	3	21	9	3	27	11	3	33
7	4	28	9	4	36	11	4	44
7	5	35	9	5	46	11	5	55
7	6	42	9	6	54	11	6	66
7	7	49	9	7	63	11	7	77
7	8	56	9	8	72	11	8	88
7	9	63	9	9	81	11	9	99
7	10	70	9	10	90	11	10	110
7	11	77	9	11	99	11	11	121
7	12	84	9	12	108	11	12	132

8	fois 1	font 8	10	fois 1	font 10	12	fois 1	font 12
8	2	16	10	2	20	12	2	24
8	3	24	10	3	30	12	3	36
8	4	32	10	4	40	12	4	48
8	5	40	10	5	50	12	5	60
8	6	48	10	6	60	12	6	72
8	7	56	10	7	70	12	7	84
8	8	64	10	8	80	12	8	96
8	9	72	10	9	90	12	9	108
8	10	80	10	10	100	12	10	120
8	11	88	10	11	110	12	11	132
8	12	96	10	12	120	12	12	144

TABLE

Des Matières contenues dans l'introduction à la langue Française et à la langue Basque.

TABLE

DE LA GRAMMAIRE FRANÇAISE.

BAYONNE, Imprimerie de Ve CLUZEAU.

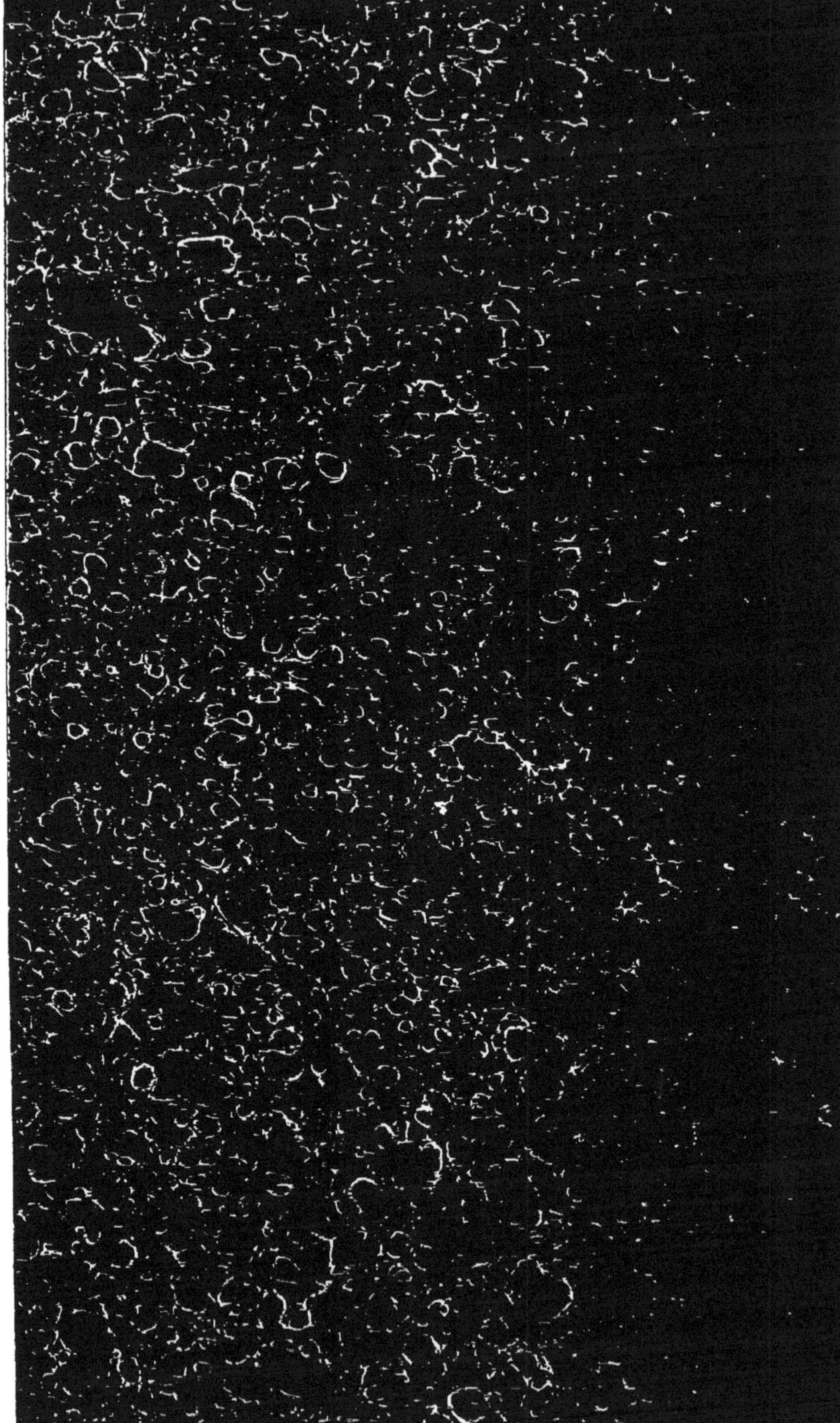

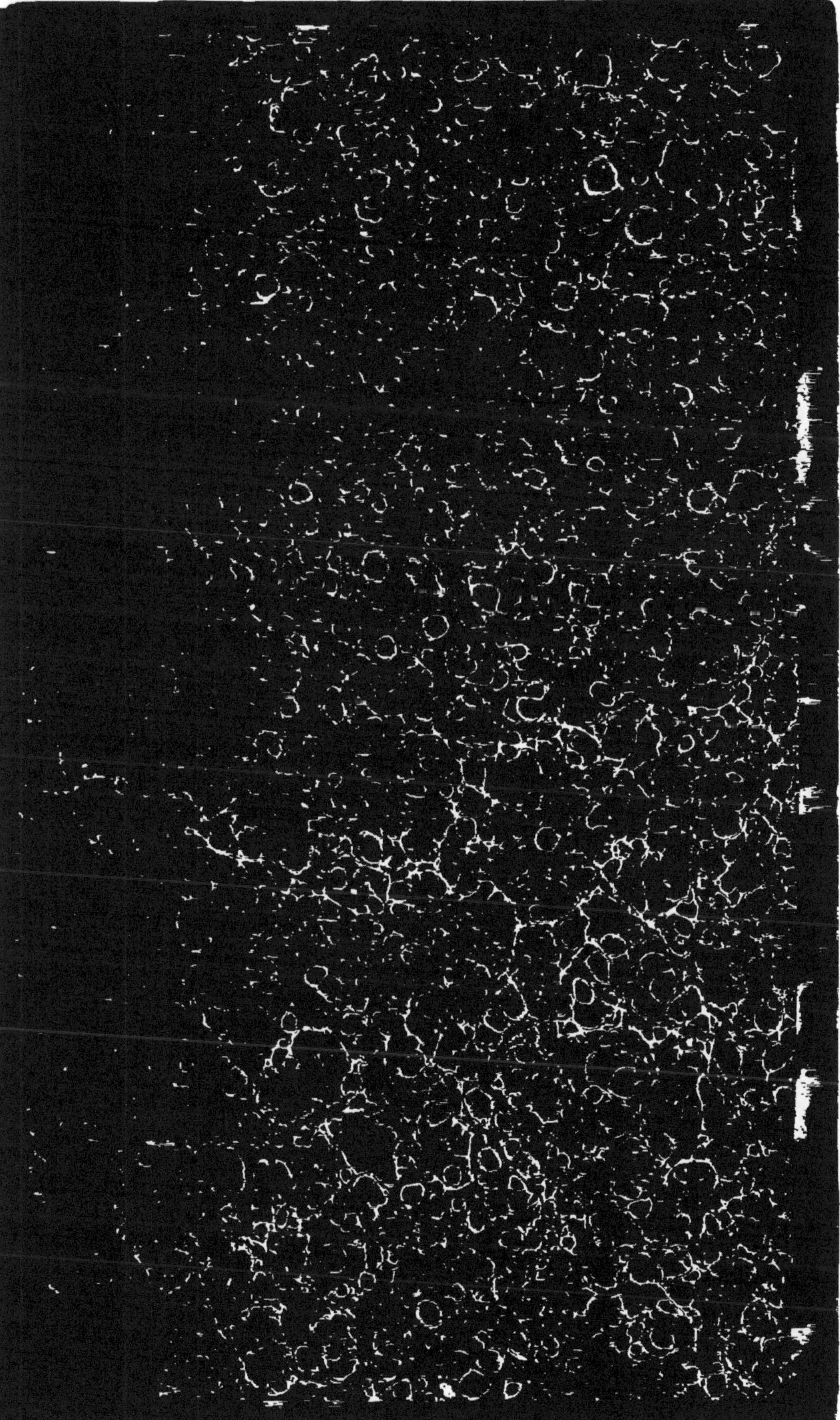

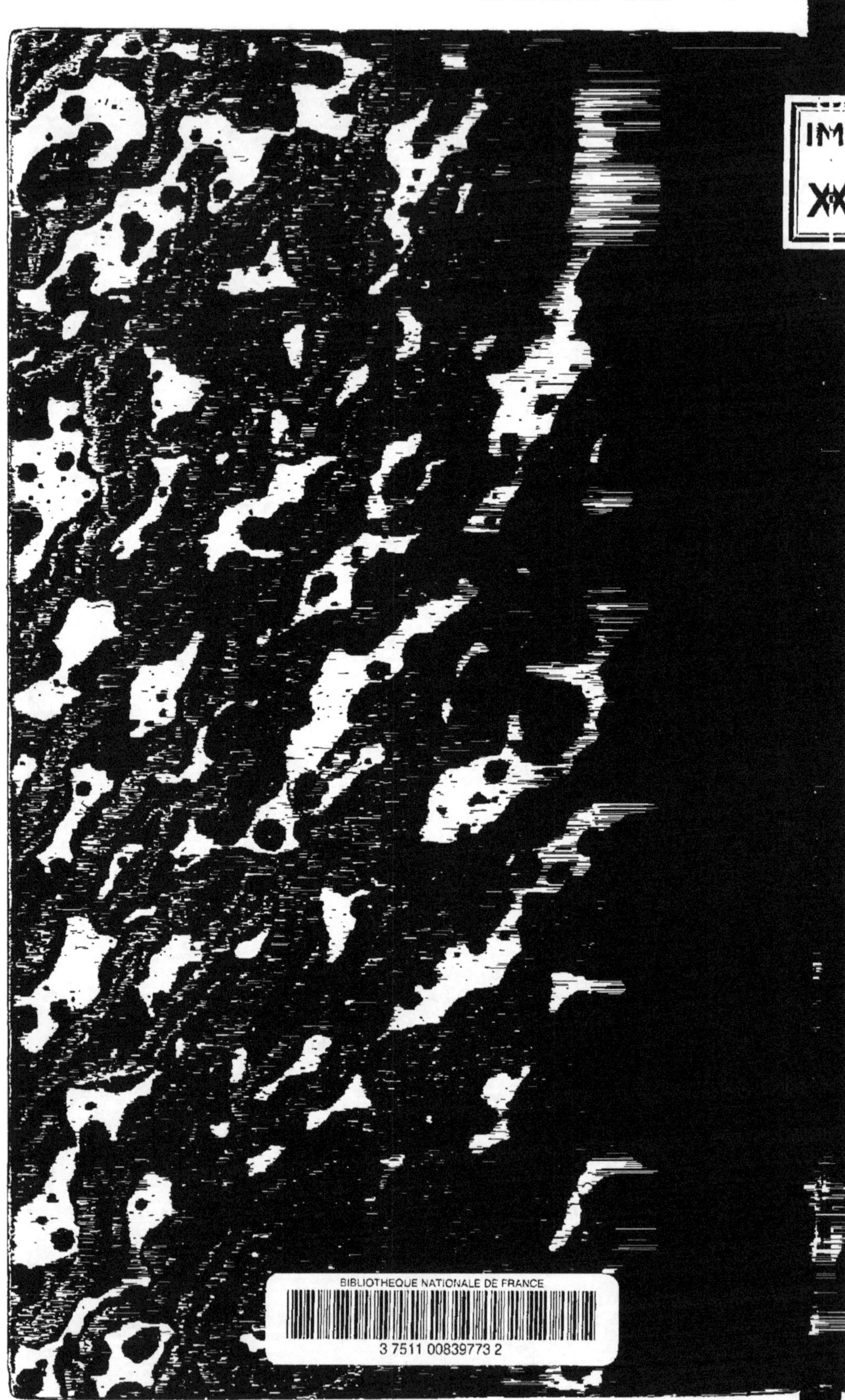

www.ingramcontent.com/pod-product-compliance
Ingram Content Group UK Ltd.
Pitfield, Milton Keynes, MK11 3LW, UK
UKHW031045260726
13965UKWH00006B/537

9 782013 348799